UNIVERSITÉ DE PARIS. — FACULTÉ DE DROIT

LA "CONFESSIO IN JURE"

ÉTUDIÉE SPÉCIALEMENT

DANS LA PROCÉDURE FORMULAIRE

THÈSE POUR LE DOCTORAT

Présentée et soutenue le samedi 2 juin 1900, à 8 h. 1/2

PAR

ANDRÉ GIFFARD

Président : M. P. F. GIRARD.

Suffragants : MM. JOBBÉ-DUVAL, AUDIBERT, *professeurs.*

PARIS

LIBRAIRIE NOUVELLE DE DROIT ET DE JURISPRUDENCE

ARTHUR ROUSSEAU, ÉDITEUR

14, RUE SOUFFLOT ET RUE TOULLIER, 13

1900

THÈSE

POUR LE DOCTORAT

La Faculté n'entend donner aucune approbation ni improbation aux théories émises dans les thèses; ces opinions doivent être considérées comme propres à leurs auteurs.

UNIVERSITÉ DE PARIS. — FACULTÉ DE DROIT

LA
"CONFESSIO IN JURE"

ÉTUDIÉE SPÉCIALEMENT

DANS LA PROCÉDURE FORMULAIRE

THÈSE POUR LE DOCTORAT

L'ACTE PUBLIC SUR LES MATIÈRES CI-APRÈS
Sera soutenu le samedi 2 juin 1900, à 8 h. 1/2

PAR

André GIFFARD

Président : M. P. F. GIRARD.
Suffragants : MM. JOBBÉ-DUVAL, AUDIBERT, *professeurs.*

PARIS

LIBRAIRIE NOUVELLE DE DROIT ET DE JURISPRUDENCE
ARTHUR ROUSSEAU, ÉDITEUR
14, RUE SOUFFLOT ET RUE TOULLIER, 13

1900

LA

CONFESSIO IN JURE

ÉTUDIÉE SPÉCIALEMENT

DANS LA PROCÉDURE FORMULAIRE

PRÉFACE

D'après MM. Aubry et Rau, l'aveu judiciaire est : « la déclaration par laquelle une personne reconnaît pour vrai et comme devant être tenu pour avéré à son égard un fait de nature à produire contre elle des conséquences juridiques » (1). Une telle déclaration lie la partie qui avoue, en ce sens que l'aveu ne peut être rétracté qu'au cas d'erreur de fait. Elle dispense, d'autre part, la partie au profit de laquelle elle intervient, de la preuve du fait avoué : ce fait est donc considéré comme prouvé par l'aveu. Mais, en réalité, l'aveu est plus qu'un moyen de preuve : c'est un motif de décision imposé au juge par la loi. La chose avouée est soustraite à sa libre appréciation ; elle constitue pour lui la vérité légale, et

(1) Tome VIII, p. 167 et s.

il est tenu d'en faire pour ainsi dire, la base de sa sentence.

Bref : 1° L'aveu du droit français porte sur les faits ;

2° Quand il n'a pas été rétracté, il s'impose au juge qui prononce en conséquence son jugement.

Il existe, en Droit Romain, deux espèces d'aveux judiciaires qui comme l'aveu du droit français, portent sur les faits et peuvent lui être comparées. Ce sont la *confessio in judicio* et la *confessio* sur *interrogatio in jure* (1). Mais un troisième type d'aveu, la *confessio in jure*, a une nature et des effets tout différents. Elle porte non pas sur les faits apportés par le demandeur à l'appui de sa demande, mais sur le droit même qu'il invoque. Elle est une soumission absolue à sa prétention. Elle peut dès lors, à certaines conditions, fixer le rapport de droit entre les parties comme le jugement, et sans que celui-ci soit rendu, conduire à l'exécution.

Cette institution très caractéristique a fait l'objet d'une étude approfondie de M. Demelius dans son livre fondamental et bien connu sur l'aveu judiciaire dans la procédure romaine. Il y a établi d'une façon définitive la distinction absolue qu'il faut opérer contre la *confessio in jure* et la *confessio* sur *interrogatio in jure* et l'on ne peut plus maintenant avoir l'idée d'appliquer à l'une les textes relatifs à l'autre : ce sont là des points

(1) Voir sur cette *confessio*, l'article récent de Lenel, ZSS., 1900, 20, p. 1-5.

acquis sur lesquels je n'ai pas l'intention de revenir : mais il m'a semblé qu'il y avait quelque utilité à contrôler les solutions de l'étude de Demelius sur la *confessio in jure*, en utilisant les travaux postérieurs à son livre.

Dans l'état des sources, ce nouvel examen ne pouvait conduire à des résultats quelque peu certains et précis, que pour la procédure formulaire ; et, je ne m'arrêterai sur la période des *Legis Actiones* qu'autant qu'il sera nécessaire pour la compréhension de la *confessio in jure* à l'époque suivante.

Une étude ainsi délimitée pouvait constituer une thèse de doctorat, et c'est comme telle que je l'ai entreprise.

Je ne l'aurais point fait, sans les encouragements et les conseils autorisés de M. le professeur P.-F. Girard qui a bien voulu accepter de présider cette thèse et auquel je ne sais comment exprimer ma bien sincère et bien vive reconnaissance. J'aurais voulu que mon travail fut digne de lui être dédié en très respectueux hommage.

Je dois aussi remercier M. le professeur A. Pernice qui m'a accueilli de la façon la plus bienveillante quand j'ai été son élève à l'Université de Berlin et qui, à plusieurs reprises, m'a donné des indications dont on devine tout le prix.

Je ne puis enfin dire ici tout ce que je dois à chacun

de mes maîtres de la Faculté de Droit et de la Faculté des Lettres de l'Université de Rennes ; mais je veux leur exprimer à tous ma plus respectueuse gratitude.

Paris, mai 1900.

A. G.

INTRODUCTION

LA CONFESSIO IN JURE DANS LA PROCÉDURE DES ACTIONS DE LA LOI

INTRODUCTION

LA CONFESSIO IN JURE DANS LA PROCÉDURE DES ACTIONS DE LA LOI

La loi des XII Tables peut servir de point de départ pour une étude de la *confessio in jure* à l'époque des *legis actiones*.

Elle établit que la *confessio* existe en matière d'action personnelle et qu'elle conduit directement à l'exécution sur la personne du débiteur d'une somme d'argent.

Æris confessi rebusque jure judicatis XXX dies justi sunto, post deinde manus injectio esto (T. III, § 1 et 2) (1).

L'on sait indirectement d'autre part qu'au temps des XII Tables la *confessio* sur une action réelle conduisait à une exécution sur la chose.

Paul nous apprend en effet que l'*in jure cessio* était sanctionnée par la Loi des XII Tables (2).

(1) V. Girard, *Textes*, p. 11. M. Nikolsky, *XII Tables*, lit : « Aeris confessi reobusque jure judicatis ». Cf. H. Krüger, *Cap. Deminutio*, p. 321. Pour lui *æris confessi* est un ancien génitif absolu. Nous écartons l'idée de Ihering, *Geist*, I, p. 156, n° 62 (trad. fr. p. 157 et s.) et de Voigt, *XII Tafeln*, I, 169, qui rapportent les mots *æris confessi* au *nexum*. Cf. Buckler, *Contract in Roman Law*, p. 43 et s. Demelius, *Conf.*, p. 54, n. 3.

(2) Paul, *Frag. Vat.*, 50 : « *in jure cessionem lex XII Tab. confirmat* ». Cf. Ihering, *Geist*, II, p. 552, n. 737 (trad. fr., III, p. 246). « La loi des XII Tables a-t-elle reconnu l'*in jure cessio propalam* ou *per consequen-*

Or dans ce mode d'acquérir, tel qu'il nous est décrit par Gaius (1), les parties accomplissent *in jure* des actes fictifs de procédure. L'acquéreur revendique la chose, *vindicat*, l'aliénateur se tait ou déclare ne pas contester; et sur ce silence, ou cette *confessio in jure*, l'*actor* s'empare de la chose avec l'acquiescement du magistrat (*addictio*) (2).

Nous pouvons donc admettre que la *confessio in jure* existait à l'époque de la Loi des XII Tables en matière réelle comme en matière personnelle et que dans les deux cas elle conduisait directement et sans jugement à la réalisation du droit du demandeur.

Pour arriver à fixer et à déterminer d'une façon plus précise les conditions et les effets de la *confessio* nous devons tout d'abord rechercher comment elle a pu apparaître et s'organiser dans la procédure des *legis actiones*.

tiam : c'est-à-dire par cela seul qu'elle a mentionné la revendication. » Dans le même sens : Girard, *Manuel*, p. 285. Nous n'avons pas besoin de résoudre cette question ; quelle que soit la solution qu'on admette le texte de Paul implique que la loi des XII Tables connaissait la *legis actio* et la *confessio* en matière réelle. C'est tout ce qui nous importe ici. Cf. aussi Eisele, *Beitræge*, p. 256-260.

(1) Gaius, *Inst.*, II, 24.

(2) Nous démontrerons *infrà* § 4, que l'*in jure cessio* tire bien son efficacité de la *confessio* et nous préciserons dans le § 3 la portée de l'*addictio* du prêteur.

§ 1. — Fondement juridique du système de la confessio. La Legis actio et l'Aveu.

Jusqu'à Demelius (1), tous les auteurs (2), et en particulier, Bethmann-Hollweg, admettaient que les dispositions de la Loi des XII Tables sur la *confessio in jure*, ne pouvaient s'expliquer que par une assimilation entre la *confessio* et le jugement : c'est parce que le *confessus* est *pro judicato*, c'est parce qu'il s'est condamné lui-même, comme le dit Paul (3) à l'époque classique, qu'il est soumis à l'exécution.

Ce système repose sur des affirmations, non sur des preuves. Ses auteurs, à la vérité, n'en ont pas cherché (4).

(1) *Conf.*, p. 86-87.

(2) Voir en particulier : Degenkolb, *Einlassungszwang*, p. 265 et s. ; Accarias, I, p. 67, n. 1 ; Bethmann-Hollweg, I, p. 117 est particulièrement net : Nous traduisons : « Par la *confessio*, le débiteur s'est jugé lui-même. Une sentence judiciaire est devenue impossible puisqu'il n'y a plus contestation. Le droit reconnu au demandeur par l'aveu est mis hors de discussion comme par le *judicatum* et l'exercice de ce droit, son exécution est assurée au demandeur par le préteur comme s'il y avait eu jugement. C'est ce qui explique que la *legis actio* et la *confessio* ont été utilisées comme mode de transférer des droits. »

(3) D. 42, 2, 1 *de confessis Paulus*, l. 56 *ad edictum* : « Confessus pro judicato est qui quodammodo sua sententia damnatur. »

(4) Ils auraient peut-être pu en trouver, sinon de décisives : La table III § 1 porte, comme nous l'avons déjà dit, que contre les *confessi æris* et les *judicati* l'on pourra procéder à la *manus injectio* après un délai de 30 jours : et le texte ajoute : « In jus ducito, ni judicatum facit aut quis endo eo (in jure) vindicit secum ducito etc.» Ce texte ne semble-t-il pas dire que l'obligation du *confessus* était désignée comme celle du *judicatus* sous le nom de *judicatum* ? L'on

En présence du texte de la loi des XII Tables traitant de la même façon le débiteur *confessus* et le débiteur *judicatus*, et habitués qu'ils étaient à considérer le jugement comme la cause naturelle de l'exécution, leur explication leur a paru évidente.

Ils auraient sans doute hésité davantage à tirer argument pour l'époque des XII Tables, des textes de l'époque classique, s'ils avaient fait attention que dans le système des *legis actiones*, le *confessus* n'est pas traité, en matière d'action réelle, comme le *judicatus*.

En matière réelle, le jugement sur l'*actio sacramenti in rem*, n'a pas force exécutoire directe. La restitution des fruits et de la chose à celui dont le *sacramentum* a été déclaré *justum* par le juge, n'est assuré qu'indirectement par l'engagement des *prædes litis et vindiciarum* (1).

Au contraire nous savons par les textes relatifs à l'*in jure cessio*, que la *confessio* sur l'action réelle conduit à une exécution directe et immédiate ; le demandeur s'empare de la chose du *confessus*.

pourrait aussi faire intervenir le texte d'Aulu-Gelle qui nous a rapporté les termes de la loi des XII Tables et qui semble considérer que les *confessi* étaient *judicati*. Aulu-Gelle, XX, 1.42 et s. : « Confessi igitur ac debiti judicatis tringinta dies sunt dati ». Mais M. Nikolsky, p.97, n.1, propose la lecture « *confessis igitur* etc.» admise, dit-il en note, par les manuscrits; *confessum æs* est d'après lui l'expression propre aux décemvirs ; Aulu-Gelle emploie *confessus æris*. Cf. Buckler, *loc. cit.*, p. 44. Il admet que la dette du *confessus* est désignée comme un *judicatum* à cause de l'*addictio prætoris*. Contentons-nous de faire remarquer que l'*addictio* n'a pas le caractère d'un jugement : voir plus loin § 3.

(1) Girard, *Manuel*, p. 328 et les autorités citées.

Il ne peut être question d'expliquer cet effet de la *confessio* par son assimilation avec le jugement puisque précisément le jugement n'a pas cet effet.

L'idée que le *confessus* est *pro judicato* est étrangère au législateur des XII Tables, tout au moins en matière réelle, et l'explication de Bethmann-Hollweg n'est donc pas applicable à toutes les hypothèses de *confessio in jure*.

Nous sommes dès lors autorisé à considérer la règle « *confessus pro judicato* » comme une expression modernisée du système primitif de la *confessio* et à chercher pour celui-ci d'autres bases.

Nous serons guidé dans cette recherche par le livre de Demelius dont nous croyons devoir adopter les conclusions.

Son système peut se ramener aux deux propositions suivantes (1) :

1° La *legis actio* ne tend pas forcément à un jugement comme nos actions modernes. Elle est essentiellement un acte solennel de l'*actor* qui, en l'absence de contestation régulière, le conduit sans débats et sans jugement, à la réalisation de son droit.

2° La *confessio in jure* implique que la prétention de l'*actor* n'est pas contestée, et c'est pour cette raison qu'elle est suivie d'exécution.

Ainsi donc les suites juridiques de la *confessio* doi-

(1) *Conf.*, p. 49.

vent être rattachées à la nature et aux caractères de l'action primitive romaine ; elles ne peuvent être comprises sans une étude préalable du développement historique et du mécanisme de la *legis actio* (1).

La procédure des actions de la loi, si archaïque et si différente des procédures modernes, a son origine lointaine dans l'habitude « de se faire justice, de s'assurer à soi-même, selon ses forces et à son gré, la satisfaction du droit qu'on estime avoir et la réparation du tort qu'on juge avoir subi (2) ».

Dans les sociétés primitives, la justice est abandonnée à l'initiative et à l'activité individuelles. L'on s'empare de l'objet sur lequel on a une prétention ; l'on se venge de la personne par laquelle on a été offensé, ou qui n'a pas rempli ses engagements. Le besoin de distinguer cette saisie et cette vengeance des actes de violence arbitraire, les fit réglementer, et cette réglementation fut le premier progrès réalisé dans la justice primitive.

Dans cette nouvelle période, l'on peut parler de procédures, mais il n'y a pas encore de procès, de discussion et de sentence judiciaires. Les procédures se résu-

(1) Nous nous contenterons dans l'étude qui va suivre de rapporter les raisonnements de M. Girard, *Manuel*, p. 943 et s., et de Demelius, p. 39-75, auxquels nous avons emprunté de nombreuses expressions. Nous renvoyons à ces deux auteurs pour les autorités et les considérations accessoires. Quant à la *confessio*, nous n'avons trouvé que des indications de droit comparé sans grand prix pour nous, dans Dareste, *Etudes d'Histoire du Droit*, p. 84 ; Kohler, *Altindisches Recht*, qui renvoie à la collection des *Sacred Books*, tome 33, p. 294 (Brihaspati, IV, 9, V ; 5, Narada, *ibid*, p. 31 et 34).

(2) Girard, *Manuel*, p. 943.

mentalorsdansdesritessolennelsparlesquelsl'individu, dont le droit est méconnu, en poursuit, et en obtient la réalisation. Les formules, les gestes consacrés ont une force indiscutable, et l'effet cherché est produit par là même qu'ils ont été employés conformément à la coutume.

L'on peut à bon droit conjecturer que la *pignoris capio* et la *manus injectio* romaines, ont été primitivement des procédures de ce type, servant à saisir des gages et des débiteurs avant qu'on ne greffât sur elles aucun débat judiciaire.

A côté de ces procédures et se confondant presque avec elles, a dû exister une action réelle dont nous pouvons peut-être nous faire une idée assez exacte d'après les opérations préliminaires de l'*actio sacramenti in rem*, telles que les comprend M. Bechmann (1). D'après cet auteur, celui qui prétend avoir droit sur une chose commence par s'en emparer. Mais cette prise de possession n'autorise pas immédiatement le *vindicans* à garder la chose. S'il le faisait, il serait un voleur (*fur*). Il doit la porter devant le préteur, et là, en public et à l'encontre de tous,affirmer son droit de propriété sur la chose : *Hanc ego rem meam esse ex jure Quiritium aio* (2).

(1) Bechmann, *Legis actio sacramenti in rem.*

(2) Krüger, ZSS., 10, 1889, p. 168 (compte rendu du livre de Bechmann). Cf. H. Pflüger, *Die legis actio sacramento ; ein Versuch auf dem Wege der Rechtsvergleichung.* Leipzig, 1898;Leist,*Altarisches jus civile*, t. II, 1896, p. 284 et s.

Mais toutes ces procédures servant à assurer le droit et à en obtenir la satisfaction immédiate, devinrent des procédures judiciaires du jour où l'on put discuter le droit de celui qui les employait.

Pour arriver à déterminer si les procédures consacrées avaient été entreprises à bon droit ou à tort, on surajouta, par divers procédés, des débats judiciaires aux rites primitifs, et c'est ainsi que se sont trouvées constituées les plus anciennes actions de la loi romaines : la *legis actio per sacramentum*, la *legis actio per pignoris capionem*, la *legis actio per manus injectionem*. Cette dernière action qui servait de voie d'exécution contre le *judicatus* et le *confessus* naissait directement aussi de certaines sources privilégiées d'obligations, par exemple, du *nexum*, du *legs per damnationem*, du *damnum* de la loi Aquilia. Primitivement, le droit de s'opposer à la prétention du créancier appartenait, non pas au débiteur lui-même, mais à un tiers, le *vindex*. Ce n'est que plus tard, et, dans des hypothèses différentes, que le débiteur soumis à la *manus injectio* reçut le droit de se défendre lui-même en faisant le *manum depellere* (1).

A partir du moment où il fut permis de contester la prétention du demandeur, il est à croire qu'en fait la

(1) Sur tous ces points. Voir Girard, *Manuel*, p. 957-961, notamment, p. 961, n. 1 . L'on ne sait pas si la *manus injectio* donnée par la loi Aquilia était une *manus injectio pura* ou *pro judicato*. Voir aussi Maria, *Le Vindex*, thèse, Paris, 1895.

legis actio conduisit le plus souvent à un débat judiciaire ; et l'on comprend que dans l'usage on appliqua le nom de *legis actio* à des procédures qui ne pouvaient naître qu'en cas de contestation, par exemple à la procédure *per sacramentum* ou *per condictionem* (1).

Mais, en droit, la *legis actio* ne se confondit pas avec l'idée de lutte judiciaire, elle ne tendit pas forcément à un jugement. Elle resta, dans son essence et conformément à ses origines, un acte du demandeur qui essaie de réaliser son droit et qui y aboutit sans l'intervention d'un juge, quand il ne se heurte pas à une contestation régulière.

Ce qui le prouve, c'est que, même à l'époque où nous sommes arrivés, le nom de *legis actio* s'applique à la *manus injectio*, aussi bien quand le *vindex* n'intervient pas, que quand il conteste le droit de l'*actor* et lie ainsi le procès (2).

Ce qui le prouve encore, c'est que l'on reconnaît le caractère de *legis actio* à des actes solennels qui produisent directement leur effet sans qu'une instance judiciaire intervienne, comme l'ancienne *operis novi nuntiatio* et l'*actio damni infecti* (3).

Ce qui le prouve enfin, c'est que l'*in jure cessio*, d'après le Commentaire II, paragraphe 24 de Gaius, était une

(1) Comp. Demelius, *Conf.*, p. 48.
(2) Sic. Demelius, *Conf.*, p. 40-41 et les renvois.
(3) Cf. Karlowa, *R. R. G.*, 2, p. 471-479 ; Wlassak, *Processgesetze*, 1, p. 249-250, 258 et s.

legis actio et cependant le *cedens*, le défendeur apparent, peut y rester complètement inactif. Quand il se tait, il est bien évident que le *vindicans* seul a agi ; c'est donc son acte qui constitue la *legis actio* ; et ici encore, l'effet juridique est obtenu sans qu'il y ait eu jugement, puisque, comme nous le verrons, l'*addictio* du magistrat n'a aucun des caractères de la décision d'un juge.

Nous concluons donc que le *lege agere* est resté, dans son essence, un acte solennel du demandeur tendant à la réalisation de son droit, acte auquel une prétention contraire de l'autre partie peut venir se joindre, mais sans que cette défense et le *judicium* auquel elle peut conduire, soient nécessaires pour qu'il y ait *legis actio*.

Une dernière considération viendrait renforcer, s'il en était besoin, les arguments qui nous ont conduit à la conclusion précédente et lui donner tout au moins le plus grand caractère de vraisemblance (1) : la théorie de la *legis actio* proposée par Demelius et admise par nous, permet seule d'éclaircir certaines particularités de l'ancienne procédure romaine qui seraient inexplicables si la *legis actio* tendait, comme nos actions modernes, à une discussion et à une sentence judiciaires.

Dans notre droit moderne, celui qui veut agir en justice commence dans son action par articuler des faits. Il s'adresse à un juge qui est fonctionnaire public pour faire reconnaître son droit et pour obtenir protection

(1) *Sic*, Demelius, p. 43-47 ; nous ne faisons que résumer son argumentation en tenant compte par endroits des travaux postérieurs.

contre un préjudice menaçant ou réparation d'un préjudice subi. Le jugement apparaît comme le but et la terminaison forcée de l'instance. Il sera rendu, même au cas d'aveu et il est investi d'une autorité propre, d'une présomption de vérité qui empêchera toute discussion postérieure sur le même objet.

Dans la procédure des *legis actiones* la marche de l'instance est toute différente.

La violation du droit ou les menaces apportées à son libre exercice ne constituent pas régulièrement un des éléments de la plainte : le demandeur commence par affirmer solennellement son droit devant un magistrat qui préside à l'instance sans qu'on puisse dire qu'il la dirige (1). Cette déclaration est faite en termes consacrés et elle est appuyée dans les plus anciennes actions par des gestes formalistes (imposition de la main au débiteur, saisie de la chose litigieuse) qui expriment nettement l'intention où est le demandeur de se faire justice à lui-même.

Ces actes lui assurent, en effet, la satisfaction directe de son droit quand ils ne soulèvent pas une contestation en termes convenables de la part de l'adversaire. Si cette contestation régulière se produit, le procès n'est lié et le juge saisi qu'après certaines formalités spéciales et accessoires, certains procédés détournés, tels que le *sacramentum*. Le juge est un simple particulier (2) dont

(1) Cf. Girard, *Manuel*, p. 952.

(2) Tout au moins depuis la fondation de la République. Cicéron

la sentence n'est pas toujours exécutoire et est dépourvue en tout cas de l'autorité propre que nous reconnaissons à la *res judicata*. Si la question jugée ne peut plus être remise en discussion entre les parties, ce n'est pas que le jugement soit investi vis-à-vis d'elles d'une présomption irréfragable de vérité, c'est qu'elles ont épuisé leur droit d'agir par l'usage qu'elles en ont fait (1).

Tous ces traits ne s'expliquent que par l'origine de la procédure romaine sortie du droit de se faire justice à soi-même ; et leur conservation dans le système de *legis actiones* implique que celles-ci n'ont pas perdu leur caractère primitif d'essai de réalisation du droit, d'acte solennel conduisant à la satisfaction en l'absence de contradiction légale.

C'est cette théorie de la *legis actio* qui peut seule nous permettre de comprendre et d'expliquer les règles de la Loi des XII Tables sur la *confessio in jure*.

Si la *confessio in jure* est suivie d'exécution, c'est qu'elle coïncide avec l'abandon du droit de défense, et qu'en l'absence de contestation, l'action entraîne réalisation du droit.

Du jour où le droit de protester contre la prétention de l'*actor* fut admis, deux institutions nouvelles apparurent : le jugement et l'aveu. Le défendeur, jusqu'alors muet et impuissant, put désormais choisir entre deux

De rep., 5.2, 4. Cf. Girard, *Manuel*, p. 20. Maria, *Vindex*, p. 158, n. 17.

(1) Tel est le sens de la règle *Bis de eadem re ne sit actio*. Voir plus loin § 3, p. 35.

décisions : ou s'incliner devant la prétention de son adversaire et c'est dans cette hypothèse que rentre la *confessio in jure* ; ou, au contraire, la contester et provoquer ainsi une discussion juridique et une décision judiciaire.

L'on reconnut force exécutoire à ce jugement, du moins en matière personnelle. La *confessio* eut la même force : non pas qu'on ait eu l'idée de l'assimiler au jugement, mais parce qu'elle permettait à l'action, d'avoir l'effet que, dans un état antérieur de droit, elle avait toujours et régulièrement. L'aveu faisait rentrer dans ce qui était précédemment le cas ordinaire : l'absence de contestation et l'exécution immédiate.

C'est le jugement, qui, à cette époque lointaine a dû sembler le cas exceptionnel et difficile à régler. On ne pouvait être tenté de dire que le *confessus* est *pro judicato*. La logique des anciennes institutions romaines aurait plutôt permis de dire que le *judicatus* était *pro confesso*.

§ 2. — Domaine. — Moment. — Formes de la confessio.

L'étude que nous avons faite de la nature et des origines de la *confessio in jure* nous permet de fixer immédiatement son domaine et le moment où elle peut se produire.

I.— Puisque son efficacité juridique tient à ce qu'elle constitue un abandon du droit de répondre au *lege agere*, elle ne pourra exister que là où ce droit peut être exercé ; en d'autres termes, son domaine sera restreint aux actions dans lesquelles une contestation de la part du défendeur est possible.

La *manus injectio* du type primitif, où un *vindex* seul peut s'opposer à l'exécution, reste ainsi en dehors de notre étude.

La *confessio* pourra au contraire intervenir :

1° Dans les cas de *manus injectio pura* où d'après Gaius, IV, 24, le débiteur peut se défendre lui-même ;

2 En matière de *pignoris capio*, quand celle-ci est faite par un particulier ;

3° En matière d'*actio sacramenti in rem* et *in personam* ;

4° Dans la *legis actio per condictionem*.

Il est plus difficile d'être affirmatif pour l'*actio per judicis postulationem*. Nous sommes très insuffisamment renseignés par les textes sur la nature et sur les caractères de cette action, et y étudier la *confessio* serait se condamner à faire hypothèses sur hypothèses. Disons seulement que, d'après l'opinion la plus vraisemblable (1), l'*actio per judicis postulationem* intervient dans le cas où il y a plutôt un règlement à faire qu'une contestation à juger. La *confessio* y apparaît dès lors comme une hypothèse peu pratique (2) sur laquelle nous n'aurons pas à insister.

(1) Girard, *Manuel*, p. 965. Cf. Schmidt, ZSS., 1881, 2, pp. 145-164. Baron, *Zur Legis Actio per Jud. Post.*, etc.. dans *Festgabe für Heffter*, 1873, p. 38. Cuënot, *De la condamnation civile à l'époque des actions de la loi*, Thèse Paris, 1892, p. 220 et s.

(2) *Sic*, Demelius, p. 50-51.

II. — Nous nous contenterons donc de déterminer le moment où peut se produire la *confessio* dans les quatre autres actions de la loi.

Si les suites de la *confessio* tiennent à la nature même de la *legis actio*, il est clair que la *confessio* ne pourra se produire, avec tous ses effets juridiques, qu'après l'accomplissement de la *legis actio*, de l'acte solennel du demandeur qui poursuit son droit (1).

Elle ne pourra donc intervenir en matière de *manus injectio pura* qu'après le *manum injicere* ; dans l'*actio sacramenti in rem*, qu'après la *vindicatio* ; dans la procédure *per sacramentum in personam*, qu'après le *aio mihi dare oportere*.

Il est d'ailleurs assez naturel que la *confessio*, qui est une attitude inverse de la défense, ne soit possible qu'à partir du moment où celle-ci l'est elle-même, c'est-à-dire après le *vindicare* et l'*injicere*.

Il nous sera plus difficile de préciser en matière de *legis actio per condictionem*.

Cette procédure plus récente que les précédentes tire son nom d'une sommation (*condictio*), faite *in jure*, de venir prendre juge dans les trente jours. Mais rien n'oblige à croire (2) que cette *condictio* ait constitué le premier acte de la procédure *in jure*. Elle a pu être précédée d'affirmations et de négations solennelles analo-

(1) Cf. Demelius, p. 75-86.

(2) Cette remarque a été faite par M. Jobbé-Duval, *Procédure*, p. 184.

gues à celles de la procédure *per sacramentum*. S'il en est ainsi, la *confessio in jure* se présentera exactement avec les mêmes traits dans l'action *per condictionem* que dans l'*actio sacramenti*. Si, au contraire, la *condictio* est le premier acte solennel accompli *in jure* dans notre *legis actio*, on pourrait peut-être admettre, qu'au moins dans cette action, l'*in jure confessio* aurait son effet, comme le veut M. Krüger (1), même quand elle se produit au milieu des explications non solennelles que les parties ont pu donner devant le magistrat.

La règle qui prévalut dans la procédure formulaire aurait déjà été appliquée dans l'*actio per condictionem*.

III. — Il faut maintenant déterminer quelle est exactement l'attitude du défendeur qui constitue une *confessio in jure*.

Désigne-t-on sous ce nom une déclaration formelle ; un *confiteor hanc rem esse tuam* par exemple ? ou bien appelle-t-on *confessus* tout défendeur qui ne recourt pas aux formules consacrées par la loi pour exercer son droit de défense, par exemple, celui qui *tacet* ou qui *non defendit uti oportet* ?

En fait, que le défendeur se taise ou déclare s'incliner, le résultat sera le même. Le droit du demandeur sera réalisé.

Pour empêcher cette réalisation, la contradiction doit se produire dans la forme solennelle et précise exigée par la loi, et suivre sans intervalle l'action.

(1) Compte-rendu du livre de Demelius, XVI, 1880, p. 446.

C'est ce que nous dit Gaius pour la *vindicatio* à propos de l'*in jure cessio* dans son Commentaire II, 24.

La *vindicatio* faite, le magistrat demande à l'autre partie : « *an contra vindicet* », et si cette interrogation (1) est suivie d'une réponse négative ou d'un silence, « *quo negante aut tacente* », il fait immédiatement *addictio* de la chose au *vindicans*.

Quant à l'hypothèse du *non defendere uti oportet*, elle n'a pas été prévue par Gaius dans le passage que nous avons cité, car elle ne peut se présenter dans l'*in jure cessio*. Ce *non defendere* consisterait, par exemple, dans l'*actio sacramenti in rem*, à ne pas s'engager *per sacramentum* ou à ne pas fournir les *prædes litis et vindiciarum*. Une telle attitude entraverait absolument le cours normal de la procédure et nous croyons que dans le système des *legis actiones*, comme dans le système formulaire de l'époque de la Loi Rubria, elle avait les mêmes effets que la *confessio in jure*.

Ainsi donc le *vindicare* conduit à la réalisation du droit quand il ne se heurte pas à une contestation régu-

(1) Cette *interrogatio* ne faisait pas selon nous partie du rituel obligatoire de la *legis actio* ; car Gaius, IV, 16, ne nous la signale pas quand il décrit d'une façon complète la procédure du *sacramentum in rem*. En matière contentieuse, la *contravindicatio* spontanée et immédiate doit être considérée comme le cas ordinaire. L'*interrogatio* n'intervenait probablement qu'en présence de l'hésitation ou de l'inaction du défendeur. Ainsi comprise, l'*interrogatio* a pour effet de mettre le défendeur en demeure d'exercer son droit de réponse. Si sur l'*interrogatio* la contestation ne se produit pas, elle ne pourra plus se produire et le demandeur aura obtenu satisfaction. Cf. Demelius, p. 77.

lière, soit que le défendeur fasse une *confessio*, soit qu'il se taise ou qu'il ne se défende pas *uti oportet*.

Nous croyons de même que dans l'*actio per manus injectionem*, l'*injiciens* emmènera immédiatement dans sa prison privée, le débiteur *confessus* ou *tacens* qui n'a pas fait le *manum depellere*.

Enfin les *XXX dies justi* commenceront immédiatement à courir contre le débiteur qui, actionné par la *legis actio sacramenti in personam*, n'a pas opposé à l'affirmation du demandeur une négation solennelle, ou ne s'est pas défendu *uti oportet* (1).

Mais on ne peut pas conclure de toutes ces règles, comme le fait Demelius (2), que toute attitude du défendeur impliquant abandon de son droit de défense,

(1) MM. Rudorff, *R. G.*, II, p.278 et Huschke, *Multa*, p. 435 ont prétendu qu'en matière d'*actio sacramenti in personam* le *tacere* n'opérerait pas comme le *confiteri*, sans en donner d'ailleurs aucune preuve valable. D'après eux toutes les fois que le débiteur ne prononce pas la formule : « *aio me tibi C. dare oportere* », le créancier ne pourrait pas exécuter directement son droit et un *judicium* s'imposerait. Les arguments, que Huschke tire en faveur de sa thèse du sens du mot *infitiari* dans Tite-Live VI, 40, 4, et des *Litteræ singulares* de V.Probus, IV, 2 et 3 (*Textes*, p. 171), manquent de toute valeur. Ils ont été refutés par Demelius, p. 82 et 84 auquel nous nous contentons de renvoyer. En tout cas, si on reconnaît que le demandeur pouvait déférer le serment au débiteur dans la *legis actio per condictionem*, l'on doit forcément admettre que l'*indefensio* conduisait dans cette *legis actio* à l'exécution comme la *confessio* ; car l'on considère le débiteur qui refuse de prêter le serment ou de le référer comme un *indefensus* et on le soumet à l'exécution.

(2) P. 78 « ...das *in jus confiteri* des Legisactionenprocess identisch ist mit Unterlassung (des *contravindicare* beziehungsweise *negare*). »

un *non defendere*, comme un *negare se contravindicare*, ait été désignée sous le nom de *confessio in jure*.

Ce mot, par son étymologie même (1), évoque l'idée d'une déclaration formelle, et, au lieu de considérer l'*indefensio* comme une hypothèse particulière de *confessio*,il nous semble plus exact de voir dans la *confessio* un cas spécial d'*indefensio*. Le principe qui domine toute notre étude est en effet, que l'action conduit à l'exécution si l'on n'y défend pas immédiatement et régulièrement ; cette *indefensio* existe bien au cas de *confessio*, mais on ne peut pas dire inversement qu'il y a *confessio* quand le défendeur *tacet* ou *non se defendit uti oportet*.

Nous admettons donc que la distinction, que nous trouverons postérieurement dans la loi Rubria, entre le *confessus*,le *non respondens* et l'*indefensus*, existait déjà dans la procédure des *legis actiones*. Elle n'y présente à la vérité qu'un intérêt théorique si, comme nous l'avons montré, le résultat est le même dans les trois hypothèses.

§ 3. — Effets de la confessio in jure.

Après avoir déterminé les origines du système de la *confessio in jure*, sa nature et ses conditions de forme, nous pouvons essayer d'en préciser les effets, en commentant les textes de la Loi des XII Tables et des Institutes de Gaius que nous avons assignés comme point de départ à notre étude.

(1) Bréal et Bailly, *Dictionnaire Etymologique*, V° *Fateor*. Vanicek, *Etymologisches Wörterbuch*, 2, p. 577.

Nous nous attacherons particulièrement aux actions prévues par ces textes, c'est-à-dire à l'*actio in rem* et à l'*actio sacramenti in personam*.

I. — *Force exécutoire.*

D'après le texte de Gaius, II, 24, la *confessio in jure* sur l'*actio in rem* est suivie d'exécution après une *addictio* du magistrat. Quel est le sens et quelle est la portée de cette *addictio*?

Suivant Festus (1) le mot *addicere*, dans son sens fondamental et essentiel, signifie proprement : « dire la même chose et approuver en disant ; dans une autre acception *addicere* est synonyme de *damnare* ».

Addicere est proprie dicere et adprobare dicendo ; *alias addicere damnare est.*

On ne peut douter, selon nous, que dans l'ancienne langue juridique romaine, le mot *addicere* était toujours employé, dans la première des significations rapportées par Festus, et que dans l'*in jure cessio*, comme dans la *legis actio* contentieuse, ce mot n'a pas eu originairement d'autre sens que celui de *idem dicere et adprobare dicendo*.

A la vérité Gaius nous dit qu'en matière d'*in jure cessio* le préteur *addicit rem*. L'*addictio* serait donc une attribution de la chose à l'une des parties, un acte translatif de propriété (2). Mais, à notre avis, l'expression de

(1) *De Verborum significatione*, 13 (Edition Thewrewk de Ponor, Ia Pars, p. 9, lignes 28 et29). Garsonnet, *Textes de Droit Romain*, n° 1826.
(2) Cf. Wlassak dans Pauly-Wissowa, *Realencyclopædie*, V° *Addicere*.

Gaius qui s'explique à son époque, et pour l'*in jure cessio*, dans laquelle des actes de procédure sont employés fictivement pour arriver à transférer des droits, est inexacte au point de vue historique.

Ce que nous savons du système de la procédure romaine primitive, dans laquelle les parties, et, avant tout l'*actor*, ont le rôle principal et décisif, tandis que le magistrat n'a pour mission que de donner authenticité à leurs actes, suffirait à nous le prouver. Et de plus quand la *legis actio* et la *confessio* sont réelles et non plus fictives, l'*addictio* qui les suit ne peut être qu'un acquiescement du magistrat aux déclarations des parties. En effet, dans ce cas, il ne peut plus être question de transfert de droits, ni d'attribution de la chose par le magistrat à l'une des parties ; le préteur ne peut que reconnaître le droit dont le défendeur avoue l'existence : il n'a pas à le créer ; son *addictio* est uniquement une reconnaissance et une consécration par l'autorité publique du droit que le demandeur a affirmé par la *legis actio* et que le défendeur a rendu exécutoire par sa *confessio*.

Nous étions donc en droit d'écarter l'*addictio* du magistrat, comme nous l'avons fait jusqu'ici et de voir dans l'exécution contre le *confessus* un effet des actes des parties.

Quoi qu'il en soit, cette exécution, c'est-à-dire la prise

Contrà, Pernice, ZSS., 5, 1884, p. 40, n° 3. Comp. Hugo Krüger, *Capitis Deminutio*, p. 237 et s.

de possession par l'*actor*, suit immédiatement l'*addictio* du magistrat. En matière d'action personnelle l'exécution contre le *confessus* n'intervient au contraire qu'au bout d'un certain délai (1).

Attachons-nous d'abord à l'hypothèse prévue par les textes, celle d'un débiteur d'une somme d'argent. Nous savons par la loi des XII Tables que le *confessus æris* à trente jours, *XXX dies justi*, « *conquirendæ pecuniæ causa* », nous dit Aulu-Gelle, XX, 1, 42 sq. Ce délai de grâce écoulé, le créancier ramènera son débiteur *confessus* devant le magistrat. Il lui fera subir la *manus injectio* ; et, si un *vindex* ne se présente pas et si le débiteur ne paie pas, il l'entraînera dans sa prison privée après *addictio* du magistrat. A la vérité, la loi des XII Tables ne parle pas de cette *addictio* dont l'existence n'est attestée que pour une époque postérieure, et l'on peut très bien admettre qu'elle n'avait pas lieu dans la *manus injectio* telle que les décemvirs la réglementèrent (2).

D'autre part, bien que le texte des XII Tables ne parle pas d'une déclaration du magistrat servant de point de départ au délai de trente jours, M. Voigt (3) admet que la *confessio* sur *æs* était suivie d'une *damnatio* du préteur, autorisant la *manus injectio* ; mais les arguments qu'il propose sont très faibles.

(1) Cf. Girard, *Manuel*, p. 959, n. 4 ; l'*addictio* existe au temps de la loi de la colonie Genetiva.

(2) *Jus naturale*, III, p. 710.

(3) Comp., Jobbé-Duval, *Procédure*, p. 14.

Il invoque la loi 3 *de confessis* au Digeste. Mais cette loi est relative à l'*actio confessoria* de la procédure formulaire et ne prouve rien pour l'époque des Actions de la Loi.

Il tire en second lieu un argument d'analogie de l'*addictio* qui est faite par le préteur en matière d'action réelle. Mais nous avons fixé le caractère de cette *addictio*, et nous savons qu'elle est très différente d'une *damnatio*. Elle intervient d'ailleurs comme préliminaire immédiat à l'exécution, tandis que la *damnatio* proposée par Voigt ne se produirait que 30 jours avant l'exécution sur la personne. L'analogie n'existe donc pas et l'argument ne vaut rien. Ce qui correspond à l'*addictio rei*, c'est l'*addictio debitoris* qui intervient tout au moins à partir d'une certaine époque, dans la *manus injectio* (1).

(1) Un argument plus embarrassant en faveur du système de Voigt pourrait être tiré de la formule de la *manus injectio* telle qu'elle nous est rapportée par Gaius, IV, 21. « *Quod tu mihi judicatus sive damnatus... tibi judicati manum injicio.* » La *manus injectio* est donc donnée contre le *judicatus* et contre le *damnatus*. Or nous avons repoussé l'assimilation du *confessus* et du *judicatus*. Si donc le *confessus* est soumis à la *manus injectio*, c'est, pourrait-on dire, qu'il est *damnatus*. Resterait à déterminer par qui il est *damnatus* et l'on pourrait soutenir que la *damnatio* était prononcée par le créancier comme au cas de *nexum*, ou qu'elle résultait directement de la loi, comme dans l'hypothèse du *damnum Legis Aquiliæ*, ou enfin qu'elle était prononcée par le magistrat, comme l'admet Voigt. Mais nous n'avons pas besoin de prendre parti entre ces hypothèses, parce que le raisonnement tiré de la formule de la *manus injectio* peut, selon nous, être écarté. La formule que donne Gaius ne peut pas s'appliquer à tous les cas de *manus injectio*. Elle porte en effet les mots *tibi judi-*

Nous préférons donc nous en tenir aux termes de la Loi des XII Tables, et admettre que le délai de trente jours commence à courir immédiatement contre le débiteur *confessus*, sans que le magistrat intervienne pour faire naître le droit à l'exécution.

La loi des XII Tables qui nous a guidé jusqu'ici n'a malheureusement prévu que le cas de la *confessio* et aussi du jugement sur *æs*. L'on sait assez qu'au cas où l'*actio sacramenti in personam* ne porte pas sur une somme d'argent, le jugement sur le *sacramentum* sera suivi d'une *litis æstimatio*, pour arriver à l'exécution *per manus injectionem*. En sera-t-il de même pour la *confessio* portant sur autre chose que de l'argent? M. Karlowa (1) ne l'admet pas et prétend que toutes les fois que la *confessio* n'aura pas pour objet une dette d'argent, les parties devront déposer le *sacramentum* et aller devant le juge. Il se base sur le droit de l'époque formulaire où la *confessio certi* seule, a autorité juridi-

cati manum injicio et ne peut dès lors s'appliquer au débiteur tenu en vertu d'un legs, du *nexum* ou de la loi Aquilia. En réalité, la formule de Gaius est spéciale au *judicatus* et le mot *damnatus* désigne uniquement celui qui a été condamné par le juge. Nous sommes donc autorisé à admettre qu'il y a eu d'autres formules de *manus injectio* et en particulier qu'il y a pu en avoir une pour le cas de *confessio*; et dès lors, nous tenant au texte de la loi des XII Tables, nous croyons que les *XXX dies justi* commencent à courir immédiatement après la *confessio æris* et que cette *confessio* fait naître directement le droit à la *manus injectio*. Cf. Padeletti-Cogliolo, p. 327. Il propose pour le cas de la *confessio* la formule suivante : « *Quod tu damnatus... pro judicato manum injicio.* »

(1) *Legisactionenprocess*, p. 154. Cf. Demelius, *Conf.*, p. 61,62.

que. Mais cet argument n'est pas probant. Dans le système formulaire, toutes les condamnations sont pécuniaires et le juge doit à la fois élucider la question de droit et faire la *litis æstimatio* ; par conséquent il n'y a pas de raison pour ne pas renvoyer l'affaire devant un juge, quand le droit reconnu par l'aveu n'est pas liquide. Mais une pareille solution n'aurait aucune raison d'être sous le système des actions de la Loi, et elle y aurait des inconvénients graves. On ne pouvait raisonnablement forcer celui qui avoue, à déposer le *sacramentum* et le considérer comme *negans*, parce qu'il n'est pas d'accord avec le créancier, dont il reconnaît le droit, sur la valeur de la chose due.

Nous admettons donc que la *confessio rei*, la *confessio se triticum dare oportere* aura le même effet que le jugement rendu en faveur du créancier : elle conduira à l'exécution après *litis æstimatio*.

II. — *Force juridique.*

L'aveu a donc pour premier effet de rendre exécutoire le droit du demandeur : a-t-il pour second effet de rendre ce droit certain et de le mettre définitivement à l'abri de toute contestation de la part du *confessus* ?

Cette question, très discutée entre les interprètes, ne se pose pratiquement que dans l'hypothèse où la *confessio in jure* a été le résultat d'une erreur de fait.

Les auteurs qui, comme Bethmann-Hollweg, reconnaissent à la *res confessa* une présomption de vérité, une autorité (1) analogue à celle de la *res judicata*, admettent que même dans cette hypothèse de l'erreur, tout recours sera refusé au *confessus* (2).

Demelius au contraire admet que l'exécution contre le *confessus* n'est pas définitive, quand il y a eu erreur. Pour cet auteur, la *confessio* n'implique pas reconnaissance formelle du droit du demandeur ; elle a seulement force exécutoire, et, l'exécution à laquelle elle conduit ne doit pas avoir plus d'effet que toute satisfaction intervenant de plein gré entre les parties en dehors de toute instance. Dans les deux cas la *condictio indebiti*, par exemple, pourra être admise.

Demelius ne fournit pas, à proprement parler, de preuves de son système. Il le déduit des caractères de la *legis actio*, comprise comme une initiative du demandeur, tendant à l'exécution du droit et y conduisant sans jugement, au cas de non-contestation. Quand une *confessio* se produit sur l'action, celle-ci arrive à son but ; mais il n'y a pas eu de discussion sur le droit et il n'intervient pas de jugement : les prétentions du demandeur n'ont été avérées ni par le magistrat, ni par le juge.

D'un autre côté, poursuit Demelius, on ne peut dire

(1) En allemand « Rechtskraft » : nous traduirons ce mot dans le cours de cette étude par les expressions « autorité juridique » ou « force juridique ».

(2) Bethmann-Hollweg, *Civilprozess*, I, p. 117 (passage traduit plus haut p. 9, n. 3).

(3) *Conf.*, p. 86-98.

que le *confessus* reconnaît le bien fondé de la prétention du demandeur; le défendeur, bien que convaincu de son bon droit, peut faire la *confessio*, parce qu'il n'espère pas sortir victorieux de la discussion judiciaire, parce qu'il ne veut pas avoir de procès, ou bien encore parce qu'il ne peut pas fournir les *prædes sacramenti*. La *confessio* n'est pas autre chose qu'un acte de procédure; elle n'est pas une disposition sur le droit.

Ces considérations de Demelius, si elles étaient exactes, prouveraient trop, et la conclusion logique qu'on pourrait en tirer et devant laquelle Demelius lui-même a hésité, c'est que la *confessio* peut être révoquée, même quand il n'y a pas eu erreur de fait (1). Il est certain pour nous comme pour lui, que les règles de la *confessio in jure* s'expliquent par le caractère primitif de la *legis actio*, qui est avant tout une initiative prise pour arriver à la réalisation du droit. Mais il ne s'ensuit pas du tout que l'exécution à laquelle la *legis actio* conduira au cas de *confessio in jure*, ne puisse être définitive aussi bien que celle qui suit le jugement. M. Schultze (2) fait remarquer avec beaucoup de raison, qu'il faudrait plutôt tirer des caractères de la *legis actio* des conséquences inverses.

Le but de l'*actor*, de celui qui poursuit la réalisation

(1) M. Schultze, *Privatrecht und Process*, p. 477, a même cru que telle était l'idée de Demelius et il l'a critiqué à ce point de vue. M. Demelius a répondu en l'accusant d'incompréhension dans le compte rendu qu'il a donné du livre de Schultze (*Zeitschrift* de Grünhut, t. XI, 1884, p. 728-748). Cf. Pernice, ZSS, 1884, p. 49.

(2) *Loc. cit.*, p. 479 et s.

de son droit *lege agendo* est évidemment d'arriver à une certitude définitive de son droit et à une exécution irrévocable ; les affirmations solennelles de la *vindicatio* ou la *manus injectio*, par exemple, le conduisaient certainement à ce résultat à l'époque où elles ne pouvaient être l'objet d'une discussion. Pourquoi auraient-elles eu d'autres effets à une époque postérieure, dans l'hypothèse où la contestation, devenue possible, ne naissait pas par suite de *confessio in jure*?

D'autre part, il est certain qu'on peut interpréter de diverses façons l'intention du *confessus* : mais l'idée la plus naturelle n'est-elle pas que la *confessio* est la *probatio probatissima*, et que si l'on ne conteste pas, c'est que l'on est convaincu du bien fondé du droit du demandeur.

Les arguments de Demelius peuvent donc être écartés, et nous pouvons dire qu'il a été entraîné trop loin dans sa lutte contre Bethmann-Hollweg, quand il a voulu prouver que la *confessio* n'établissait pas définitivement le droit, ou, autrement dit, qu'elle n'avait pas d'autorité juridique.

Pas plus que Demelius d'ailleurs, nous n'admettrons le système qui fonde l'autorité de la *res confessa* sur son assimilation avec la *res judicata*, et, si nous arrivons au même résultat que Bethmann-Hollweg (1), ce sera pour des raisons différentes. En effet cette assimilation, qui

(1) *Civilprocess*, I, 117, *loc. cit.*, p. 9.

n'est pas démontrée, et dont il faudrait en tout cas fixer la portée, ne peut pas servir pour établir l'autorité de la *confessio*, pour la raison bien simple mais décisive que le jugement n'avait pas cette autorité à l'époque des *legis actiones*.

La notion de l'autorité de la chose jugée était inconnue, on le sait, dans l'ancienne procédure romaine, et s'il était impossible de remettre toujours les mêmes questions en litige, c'était à raison d'un principe différent que l'on formulait ainsi : *bis de eadem re ne sit actio*. Cette règle très ancienne, que les jurisconsultes du temps de la République empruntèrent probablement aux Grecs (1), signifie que l'on ne peut accomplir la *legis actio* qu'une fois à raison du même droit.

Les solennités des actions de la loi offraient un critérium plus facile à vérifier que le jugement dépourvu de toute forme ; et dans la Rome ancienne, comme dans beaucoup de législations archaïques, l'extinction de l'action est produite non pas par la sentence, mais par les actes solennels qui ouvrent le procès.

Les affirmations et les gesticulations formalistes de la *legis actio*, qui réalisent le droit, quand elles ne se heurtent pas à une affirmation contraire, éteignent en tout cas le droit d'agir à nouveau (2).

(1) Pernice, *Parerga*, IX, ZSS., 1898, 19, p. 144, etc. ; Cf. Krüger, *Processualische Consumption*, 1864, § 1 ; Bekker, *Actionen*, I, p. 334-336 ; Girard, *Manuel*, p. 669, n° 1.

(2) Cf. sur tous ces points Wlassak, *Litis contestatio*.

L'entente est d'ailleurs loin d'être complète sur tous ces points entre les interprètes. Mais quel que soit le sens qu'il faille donner au mot *actio* dans la règle : *bis de eadem re...*, il est bien certain que le *confessus* n'a pas agi et ce n'est pas cette règle qui pourra l'empêcher de revenir sur sa *confessio*, comme elle empêche indirectement le *judicatus* de remettre la chose jugée en question.

Nous devons donc nous demander si la *confessio* a une autorité propre que n'a pas le jugement, ou, pour ramener la question à ses termes pratiques, si celui qui a avoué par erreur pourra utilement revendiquer la chose dont son adversaire s'est emparé, ou s'il pourra, par une action, répéter la somme qu'il a déboursée à tort.

L'on pourrait,en effet, penser à accorder au débiteur qui a avoué par erreur, une *actio per sacramentum* ou à partir de la Loi Silia une *condictio*, si l'on reconnaît avec MM. Girard et Pernice que « les Romains ont admis dès une époque très ancienne que celui qui se trouve retenir sans cause une chose venant d'autrui est obligé, *re*, à la restituer (1) ». Mais il est peu vraisemblable, selon nous, que le débiteur *confessus* qui a subi la *manus injectio* ou même qui a payé pour s'y soustraire, puisse intenter utilement cette action en recours. Les dettes sanctionnées *per manus injectionem* à l'époque des *legis*

(1) Girard, *Manuel*, p. 601. Cf. NRH., 1895, p. 418-425. Pernice, *Labeo*, 3, 1, p. 211 et s.

actiones l'ont été à l'époque formulaire par des actions *qui crescunt in duplum propter infitiationem* et l'on sait que la *condictio indebiti* était impossible en cette matière (1). Il serait dès lors bien extraordinaire que la *condictio* pût, dans notre hypothèse, réussir à l'époque des actions de la loi.

Quant au *confessus* en matière réelle, pourra-t-il faire triompher devant le juge une revendication qu'il intente contre le demandeur au premier procès, en prouvant que c'est par erreur qu'il a avoué et en établissant son droit (2)?

Ici aucun texte ancien, ni aucune règle de l'époque postérieure ne nous permettent d'induire une solution pour la période des *legis actiones*, et nous sommes obligés de nous en tenir à des considérations de vraisemblance.

Nous avons déjà dit, en réfutant l'opinion de Demelius, que le caractère primitif de la *legis actio* rendait vraisemblable l'idée, qu'elle assurait une satisfaction définitive à l'*actor*. Quand le magistrat, s'inclinant devant les déclarations et les actes des parties a fait l'*addictio*, il semble bien que le droit de reprendre la discussion, de contester le droit du demandeur soit à jamais éteint. Le *confessus* devrait en effet tout d'abord pouvoir prouver son erreur ; or, nous savons par

(1) Voir plus loin chapitre I, § 3, p. 107.

(2) C'est devant le juge que la question se pose : nous admettons avec M. Girard, ZSS., 14, 1893, p. 14-16, 18-20, que le magistrat ne peut refuser l'action (*denegare legis actionem*).

Gaius (1) que la procédure des *legis actiones* était excessivement stricte et formaliste et que celui qui commettait la plus petite erreur dans l'action perdait son procès. Comment admettre qu'une erreur, portant non plus sur la forme, mais sur le fond même du procès, sur l'utilité d'exercer le droit de réponse, puisse être réparée, et que le *confessus* pût dans une seconde instance recouvrer la chose qu'il a perdue par sa faute dans une première ?

L'*in jure cessio* peut enfin nous fournir un dernier argument.

Si les Romains ont utilisé dans l'*in jure cessio* les formes de la *legis actio* et de la *confessio in jure* pour arriver à créer un mode nouveau de transférer et d'acquérir des droits, c'est que bien évidemment la *confessio* pouvait établir définitivement le droit, qu'elle avait une force juridique (2).

Nous croyons donc pouvoir dire que selon toute probabilité, la *res confessa*, à l'époque des *legis actiones* avait une autorité que la *res judicata* n'avait pas direc-

(1) Gaius, IV, 30.

(2) Cet argument n'est pas absolument décisif quoique la restriction qui va suivre ne lui enlève pas toute sa force. La *confessio* aurait bien pu être révocable pour cause d'erreur et cependant avoir été utilisée comme mode de transférer la propriété. En effet dans l'hypothèse particulière où elle est employée en vertu d'un accord pour arriver à transférer un droit, on ne conçoit pas une erreur de fait : La *confessio* aurait donc forcément effet définitif en matière d'*in jure cessio*. Nous croyons cependant plus probable que l'on a eu l'idée d'employer la *confessio in jure* comme mode d'acquérir, parce que d'une façon générale elle mettait le droit hors de contestation.

tement et que le recours pour erreur contre les suites de la *confessio* était interdit au *confessus*.

En tout cas nous croyons avoir démontré que Demelius n'a pas réussi à établir la thèse contraire, et cette simple constatation nous mettra plus à l'aise pour discuter son système sur l'*in jure cessio* et justifier enfin l'emploi que nous avons fait des textes de Gaius (II, 24), pour notre étude de la *confessio*.

§ 4. — L'In jure cessio.

L'*in jure cessio*, telle que nous la décrit Gaius, est une *legis actio* fictive, interrompue et terminée par la *confessio* du droit fictivement revendiqué. Les parties se présentent devant le magistrat comme des plaideurs, mais en réalité elles sont d'accord et utilisent les formes de la procédure pour arriver à un résultat convenu d'avance, par exemple à l'aliénation d'une *res nec mancipi* : l'*in jure cessio* apparaît comme un acte de procédure, mais elle cache un acte juridique ; elle constitue un mode d'acquérir.

Une seule *legis actio*, l'*actio in rem*, la *vindicatio* a ainsi été utilisée comme mode constitutif de droits et seulement dans un certain nombre de cas qui ont dû être peu nombreux à l'origine.

Le procès fictif, à l'époque de son complet développement, servait à faire des affranchissements, à transférer l'*hereditas legitima* et la propriété des *res nec mancipi* comme des *res mancipi*, à constituer des servitudes même urbaines et personnelles, à transférer la *tutela legitima mulierum*. Il était enfin utilisé en matière d'adoption et d'émancipation.

Sans indiquer dans quel ordre ces diverses applications de l'*in jure cessio* ont pu apparaître (1), nous nous contenterons de faire remarquer avec Karlowa (2) que l'*in jure cessio* de la tutelle où l'on transfère seulement l'exercice du droit a dû apparaître tout à fait en dernière ligne ; tandis que la *manumissio vindicta* paraît être le plus ancien cas de procès fictif. Cette forme d'affranchissement occupe d'ailleurs une place à part dans la liste des applications du procès fictif. Elle porte un nom particulier : « *vindicta* ». Elle comprend une renonciation positive au droit ; puisque d'après Festus (3), le maître qui affranchit prend la main de l'esclave et la repousse en disant : « *hunc hominem liberum esse volo.* » C'est même pour cela, admet M. Karlowa, que la *manumissio vindicta* n'est pas désignée par les textes comme une *in jure cessio.*

Dans toutes les autres hypothèses de procès fictif le procédé est toujours essentiellement le même : celui qui veut acquérir le droit, se présente comme demandeur, affirmant solennellement sa prétention d'après le droit des *legis actiones*. Celui qui veut aliéner fait *confessio* ou bien se tait ; le préteur *addicit* et le droit se

(1) Cf. Sohm, *Institutionen*, 6te Aufl., p. 33, n° 5.

(2) Karlowa, *R. R. G.*, II, p.383, 384.

(3) Festus, v° *Manumitti* (Bruns, *Fontes*, IIa pars, p. 13). Ihering, *Esprit*, trad. fr., III, p. 268-269.

trouve acquis définitivement et d'une façon absolue.

Ce transfert de droits ne pourra pas, bien entendu, être opposé à un tiers qui ne tiendrait pas son droit de l'aliénateur et il n'y a pas lieu d'opposer, comme on le fait souvent (1), l'effet absolu de l'*in jure cessio* à un prétendu effet relatif du jugement ou de la *confessio in jure* : Le jugement ou la *confessio* intervenant entre deux parties valent, aussi bien que l'*in jure cessio*, pour les tiers qui tiennent leurs droits des parties et aussi pour et à l'encontre de leurs successeurs particuliers (2).

Comment expliquer cet effet acquisitif de droit de l'*in jure cessio* ?

Pour Bethmann-Hollweg (3) dont nous retrouvons encore ici le système, l'effet translatif de l'*in jure cessio* s'explique parce que la *confessio* est assimilée au jugement et que dès lors elle est investie comme lui d'une présomption de vérité. Les effets de l'*in jure cessio* sont ainsi rattachés à la règle : « *res judicata jus facit inter partes* ». Demelius repousse ce système en montrant que les effets de l'*in jure cessio* sont différents de ceux de la *res judicata*. Quant à nous, nous avons assez montré que l'assimilation de la *confessio* et du jugement était illusoire à l'époque des *legis actiones* pour n'avoir pas besoin d'insister davantage.

(1) Demelius, *Conf.*, p. 99.

(2) En ce sens : Karlowa, *loc. cit. Contrà* sans preuve : Pauly-Wissowa, *Realencyclopädie*, V° *Cessio in jure* (art. de Kipp) ; Cf. Sohm, *Institutionen*, 6te Aufl. p. 32 et note.

(3) *Suprà*, p. 9, n. 2 (*Civilprocess.*, I, p. 117).

Le système de Demelius nous retiendra plus longtemps.

N'admettant pas l'autorité juridique de la *confessio in jure*, il a été conduit à rattacher les effets de l'*in jure cessio* à une autre cause que la *confessio*. Pour lui, ce qui, dans l' *in jure cessio*, d'un côté crée le droit, et de l'autre, l'éteint, c'est l'intention corrélative d'aliéner et d'acquérir révélée et prenant forme par l'appréhension et l'abandon de la chose, que les parties font *in jure* (1).

L'on peut faire à ce système des objections très graves. Si l'*in jure cessio* tirait toute son efficacité de l'*apprehendere* et du *cedere*, de l'abandon et de la prise de possession de la chose, comme le prétend Demelius, l'on ne comprendrait pas qu'elle eût son effet translatif de droit dans des hypothèses où cette sorte de tradition *in jure* ne peut pas se présenter.

En matière d'*in jure cessio* de servitude, par exemple, il ne peut être question d'un *cedere* et d'un *apprehendere rem* puisqu'on ne peut remettre la possession de la servitude qui est une chose incorporelle.

La même impossibilité se présente dans l'hypothèse de la *cessio tutelæ*.

L'on peut encore indiquer dans le même ordre d'idées, une difficulté qui a été signalée par M. Pernice (2). D'après Gaius (II, 34 et ss.), l'*in jure cessio hereditatis*,

(1) *Conf.*, p. 101-102. Dans le même sens mais avec hésitation. Pernice, ZSS., 9, 1888, p. 203.

(2) ZSS., 9, *loc. cit.*

faire après l'adition, a seulement pour effet de faire passer les choses corporelles dans le patrimoine du cessionnaire, mais l'héritier *ab intestat* peut transférer son titre d'*heres* en faisant *in jure cessio hereditatis* avant l'adition.

Dans cette *cessio*, il ne peut être question que d'abandon matériel des choses corporelles de la succession et c'est cependant l'hérédité tout entière, la vocation héréditaire elle-même qui se trouve transférée. Le résultat est difficilement explicable dans le système de Demelius.

Et d'autre part, comment même s'expliquer une cession des choses corporelles faite avant l'adition : on peut transmettre ce que l'on a, non ce que l'on attend.

La conclusion semble donc s'imposer. L'abandon de la possession ne se retrouve pas dans tous les cas d'*in jure cessio* ; et l'on sait trop bien que le consentement dans la législation romaine ne transfère pas en principe les droits, pour admettre que, dans les hypothèses que nous avons indiquées, l'effet de l'*in jure cessio* s'explique par l'intention des parties.

Cette conclusion s'imposerait cependant dans le système de Demelius.

Et enfin, si l'effet de l'*in jure cessio* devait être rattaché à une autre cause que la *legis actio* et la *confessio*, on ne verrait pas pourquoi la pratique aurait eu recours à ces institutions de procédure pour obtenir le résultat qu'elle voulait atteindre. Dans l'*in jure cessio*, telle que la comprend Demelius, il n'y a plus aucun rapport entre le fondement de l'institution et ses formes extérieures. Si l'explication était exacte, l'acquéreur devrait, dans les paroles solennelles qu'il prononce, affirmer, non pas un droit existant, mais son intention d'acquérir ; l'aliénateur devrait proclamer qu'il aliène et non pas renoncer à une contestation judiciaire en cédant devant la prétention de l'autre partie. L'*in jure cessio* ne serait plus un procès fictif, comme nous l'atteste Gaius, elle serait un ensemble de déclarations solennelles intervenant devant le magistrat (1),

Nous croyons donc devoir repousser le système de Demelius ; et, ici encore, tout en n'admettant pas l'assimilation du jugement et de l'aveu, pour l'époque des *legis actiones*, nous nous trouvons d'accord avec Bethmann-Hollweg quant au résultat. L'*in jure cessio* est une *vindicatio* fictive, suivie d'une *confessio in jure* fictive. Elle est un mode d'acquérir, parce que la *vindicatio* réelle suivie d'une *confessio* réelle met le droit hors de discussion et conduit à l'exécution, parce que la déclaration solennelle de la *legis actio* suffit, quand elle n'est pas contredite, pour établir et réaliser le droit de l'*actor* (2).

En un mot l'*in jure cessio* a les effets de l'*actio* et de la *confessio*, dont elle emprunte les formes.

(1) *Sic* Karlowa, *loc. cit.*, p. 385.

(2) *Sic* Cuq, *Institutions*, I, p. 445. « Ce qui fonde le droit c'est la déclaration solennelle du demandeur, déclaration acceptée par le défendeur et confirmée par le magistrat. »

Ce n'est pas à dire que toutes les règles de l'*in jure cessio* lui seront communes avec celles de l'action interrompue par l'aveu.

L'*in jure cessio* a, comme tous les actes fictifs, sa nature propre et une certaine indépendance juridique vis-à-vis de l'acte réel dont elle reproduit les formes (1). Demelius a bien raison de dire que l'effet principal de l'acte fictif, le transfert de la propriété par exemple dans l'*in jure cessio*, doit aussi pouvoir être produit par l'acte réel pris comme type. L'acte réel et l'acte fictif ont forcément des effets communs : mais la pratique a très bien pu n'attribuer à l'acte fictif que quelques-uns des effets de l'acte réel, et, inversement, un développement doctrinal particulier à l'acte fictif peut arriver à lui constituer une efficacité juridique dont l'acte type sera dénué.

Nous nous expliquerons ainsi que l'*in jure cessio* puisse, dans certains cas, éteindre le droit de la personne qui veut aliéner, sans que ce droit soit transféré au *vindicans* tandis que, selon toute probabilité, la *confessio* réelle n'a jamais pu avoir cet effet purement négatif.

Les cas où l'*in jure cessio* a cet effet sont d'ailleurs exceptionnels. Ils se rencontrent en matière de *manumissio vindicta*, de *cessio hereditatis aditæ* et de *cessio tutelæ*.

Ulpien (2) nous apprend que dans l'hypothèse où un

(1) Cf. Ihering, *Geist*, III, § 68, trad. fr., t. IV, p. 285 ; Jg. t. III, p. 220 et s.

(2) *Reg.* 1, 18. Cf. Paul, *Sent.*, 4, 12, 1.

des maîtres de l'esclave commun l'affranchit *vindictâ*, l'esclave ne devient pas libre, mais les droits du *manumissor* sont éteints et la part des autres propriétaires augmente d'autant.

Ce résultat particulier de la *manumissio vindictâ* s'explique très simplement par ce que nous avons dit des formes particulières de ce genre de procès fictif : Le droit du *manumissor* est éteint parce qu'il y a renoncé solennellement par la formule : « *hunc hominem liberum esse volo.* »

D'autre part l'*in jure cessio hereditatis aditæ* est impuissante à transmettre l'hérédité d'après Gaius (2.35) qui fait évidemment ici une application de la règle : « *semel heres semper heres.* » Mais les biens particuliers de l'hérédité passent au cessionnaire, tandis que les créances de l'hérédité, qui ne peuvent être ainsi cédées par une *in jure cessio* spéciale, se trouvent éteintes, au lieu de rester comme les dettes sur la tête de l'héritier.

Enfin le *cessicius tutor mulieris* qui fait *in jure cessio* de la tutelle, la perd sans que le cessionnaire en soit investi. La tutelle légitime reparaît (1).

Ces règles particulières de l'*in jure cessio* s'expliquent bien plutôt par l'intention de la partie qui veut aliéner que par les règles de la *confessio in jure*. Les jurisconsultes, interprétant la volonté des parties, ont isolé l'acte solennel de la renonciation faite *in jure* et l'ont considéré, dans certains cas favorables comme

(1) Ulpien, *Reg.*, 11, 7.

un acte à part produisant son effet même quand l'*in jure cessio* n'aboutissait pas à transférer le droit (1).

En tout cas on n'a pas le droit de tirer argument de ces règles particulières introduites probablement assez tardivement et seulement dans des hypothèses où elles peuvent se justifier par des considérations spéciales, pour fixer la nature primitive de l'*in jure cessio*, comme le fait Demelius (2).

Nous n'avons plus maintenant qu'à résoudre une dernière difficulté. Si, comme nous l'avons admis, les effets de l'*in jure cessio* se rattachent, en principe, aux règles de la *legis actio* et de la *confessio in jure*, pourquoi ces procédés n'ont-ils pas été employés pour créer des droits personnels, pour fonder des rapports d'obligation ?

Dans le système de Demelius (3) on se l'explique très bien : l'*in jure cessio* n'aurait pas été employée pour fonder des rapports d'obligation parce qu'en matière de droit personnel, il ne pouvait être question d'abandon de la chose fait *in jure*.

En réalité cette particularité peut s'expliquer beaucoup plus simplement. Pour nous, l'*in jure cessio* n'a

(1) Cf. sur tous ces points : Pernice, ZSS., 9, *loc. cit.* *Contrà* Schmidt, Z. *Lehre der Wirkungen der Rechtsgeschäfte*, p. 21 et s ; notamment p. 23, la conciliation entre Gaius, II, 30 et D.23, 3, 66, qui permet d'écarter un quatrième cas dans lequel l'*in jure cessio* aurait encore effet purement négatif. (*In jure cessio* de l'usufruit. Cf. Demelius, p. 106-107).

(2) *Conf.*, p. 104-108

(3) *Ibid.*, 198-109.

pas été étendue originellement à la matière des droits personnels, parce que le besoin ne s'en est pas fait sentir. D'autres procédés, le *nexum*, la stipulation, suffisaient. Le jour où la Loi Pœtelia Papiria de 428 abolit la force exécutoire directe du *nexum* en décidant que ce contrat ne dispensait plus de prendre jugement contre le débiteur, un mode de s'engager par une *confessio in jure* conduisant directement à la *manus injectio*, aurait eu son utilité. Mais la Loi Pœtelia dut s'opposer à ce qu'on pût mettre indirectement un débiteur dans la situation qu'elle avait voulu proscrire (1) et c'est ainsi que l'*in jure cessio* ne s'appliqua jamais en matière d'obligations (2).

Toutes les objections de Demelius se trouvent ainsi écartées, et nous pouvons tenir comme certain que les effets de l'*in jure cessio* sont en principe ceux de la *confessio in jure* : l'usage que nous avons fait des textes de Gaius relatif à l'*in jure cessio*, pour construire notre système de l'aveu dans l'ancienne procédure romaine, se trouve justifié, et nous pouvons maintenant dégager avec quelque assurance les résultats de notre étude.

La *confessio in jure*, à l'époque des *legis actiones*, a un domaine très large. Elle a son rôle et ses effets pro-

(1) L. VIII, 28-31 : *Ita nexi soluti cautumque in posterum ne necterentur.*

(2) Cette idée m'a été indiquée par M. P.-F. Girard.

pres dans toutes les actions qui peuvent conduire à une contestation : en matière réelle comme en matière personnelle elle rend le droit certain et exécutoire sans qu'il y ait lieu d'organiser contre le *confessus* l'instance ordinaire *in judicio*. L'exécution sur l'action réelle se fait immédiatement et en nature au cas de *confessio*. Sur l'action *in personam*, la *confessio* fait naître la *manus injectio*, directement, quand elle porte sur une somme d'argent, et, au cas contraire, après une *litis æstimatio*. Cette efficacité, que nous avons reconnue à la *confessio*, à l'aide de raisonnements ayant tous leur point de départ dans des textes certains, dépasse, tout au moins en matière réelle, l'efficacité propre du jugement.

Il ne pouvait dès lors être question de l'expliquer par le principe reconnu à l'époque suivante que le *confessus* est *pro judicato*.

Notre explication, tirée des origines et de la nature de la *legis actio* n'est qu'une hypothèse, nous le reconnaissons bien volontiers ; au moins a-t-elle l'avantage de rendre compte de tous les effets de la *confessio*, d'être appuyée par plusieurs textes et de n'être contredite par aucun.

LA CONFESSIO IN JURE

DANS

LA PROCÉDURE FORMULAIRE

LA CONFESSIO IN JURE DANS LA PROCÉDURE FORMULAIRE

CHAPITRE PRÉLIMINAIRE

GÉNÉRALITÉS ET SOURCES.

La règle « *confessus pro judicato est* », que nous avons refusé de placer à la base du système de la *confessio in jure* dans la procédure des actions de la loi, s'est introduite dans la procédure formulaire et elle y a même été reconnue assez tôt.

Nous en trouvons en effet une application en matière d'*actio certæ creditæ pecuniæ*, dans le chapitre XXI de la loi Rubria, cent ans environ après que la loi Æbutia (1) est venue donner aux citoyens romains le choix entre l'ancienne procédure et la procédure formulaire et à une époque antérieure aux lois Juliæ (2) qui ont substi-

(1) La loi Æbutia doit être placée entre 605 et 628 ; Cf. Girard, ZSS., 14, 1893, p. 11,54 ; dans le même sens, Bekker, ZSS., 15, 1894, p. 164. Erman, ZSS., 19, 1898, p. 276.

(2) Cf. Wlassak, *Processgesetze*, 1, p. 173-201 ; Les lois Juliæ ont été probablement votées sous Auguste en l'an 737 ; La loi Rubria, V. plus loin p. 62 est de 705 ou de 712.

tué en principe la formule, le *judicium* (1), à la *legis actio.*

Pour l'époque classique, sans revenir sur le texte très net de Paul (2) que nous avons déjà eu l'occasion de mentionner, nous nous contenterons de signaler ici un texte fondamental d'Ulpien (3) qui pose le principe et détermine son champ d'application : « *certum confessus pro judicato erit, incertum non erit.* »

Avant de passer à l'étude des textes, nous devons indiquer brièvement les caractères nouveaux que prirent dans la procédure formulaire l'instance *in jure*, la condamnation et l'exécution.

Nous pourrons ensuite mieux comprendre comment un nouveau principe s'est introduit dans la matière de la *confessio in jure* et comment son efficacité juridique s'est restreinte au cas où elle porte sur un *certum*, c'est-à-dire sur une somme d'argent.

§ 1. — Caractères généraux de la procédure formulaire.

Sans crainte d'exagérer, comme certains auteurs (4) ont pu le faire, les oppositions entre la procédure des actions de la loi et la procédure formulaire, l'on peut dire que l'initiative du demandeur se présentait dans le

(1) Sur ce sens de ce mot, voir Erman, *loc. cit.*, p. 227 et s. et le résumé qu'il donne de la discussion entre Kübler (ZSS.,16, 1895) et Wlassak.

(2) D. 42, 2, 1, *suprà*, p. 9, n. 3.

(3) D. 42, 2, 6.

(4) Keller par exemple : voir Wlassak, *Litis Contestatio*, p. 84 et s.

système nouveau, sous des formes beaucoup plus simples et que le magistrat y avait vis-à-vis des parties des pouvoirs larges et un rôle décisif qu'il n'avait pas dans la procédure des actions de la loi (1).

Pour lier le procès, les plaideurs ne sont plus forcés de recourir à des gestes et à des termes sacramentels. Ils donnent *in jure* les explications qu'ils jugent convenables, en des termes quelconques, et sans appareil solennel (2). Le magistrat décide en conséquence s'il y a lieu ou non à procès ; et s'il faut plaider, c'est lui qui détermine dans la formule les points dont il convient de saisir le juge.

De simple assistant qu'il était à la *legis actio*, le magistrat est ainsi devenu l'organisateur de l'instance. Il a reçu de la loi Æbutia la mission de transposer en formules, le cas échéant, les paroles solennelles antérieurement prononcées par les parties, et, par là même, il a été investi d'une autorité toute nouvelle en matière de procédure ; il rédige la formule et il peut la refuser ; il est ainsi maître de fixer les termes des litiges et d'empêcher les procès (3).

Il ne faudrait pas croire cependant qu'il puisse, quand

(1) Sur tous ces points, cf. Girard, *Manuel*, p. 38, 39, 975 et s.

(2) Pernice, *Parerga*, V. ZSS., 1893, 14, p. 144. « In Formularprocesse trat an die Stelle der Parteiformeln die freie Besprechung zwischen dem Prätor und den Parteien. Der Gedanke dabei war durch zwanglose Erörterung der Sache zu einer Einigung über die formale Grundlage des weiteren Verfahrens zu verlangen. »

(3) Cf. Girard, *Manuel*, p. 38 et 39.

il exerce la *jurisdictio*, utiliser tous les pouvoirs qu'il tient de sa qualité de magistrat. Les formes légales de l'*ordo privatorum judiciorum* s'imposent à lui comme aux plaideurs. Il est obligé de renvoyer l'affaire à un juré, et même pour l'organisation de l'instance, il ne peut se passer du concours des parties.

C'est au demandeur notamment qu'appartient l'initiative du procès et le magistrat ne pourrait pas intervenir directement à sa place pour faire comparaître le défendeur (1).

Si ce dernier se cache ou ne veut pas accepter la formule (*accipere judicium*) le magistrat ne peut pas donner raison au demandeur dont le bon droit lui paraît évident. Dans la procédure formulaire, comme dans les Actions de la Loi le procès ne peut pas naître tant qu'il y a défaut *in jure*. La procédure suivie contre l'*indefensus* qui ne paie pas tendra « d'abord à le forcer à payer ou à défendre par la *missio in bona*, puis si la situation se prolonge, à mettre à sa place un autre individu » (2) qui fera l'un ou l'autre.

(1) *Ibid.*, p. 1030. Cf. Pernice, ZSS., 1884, 5, p. 44 et s. : passage cité plus loin, p. 59.

(2) Girard, *Manuel*, p. 978-979, 1017, 1035. Dernburg, *Ueber die emptio bonorum*, § 2, p. 13 et s. Nous traduisons : « Dans l'ordo, le procès ne pouvait s'engager en l'absence du défendeur et celui-ci ne pouvait être considéré comme condamné. Le préteur ne pouvait pas non plus mettre d'autorité à sa place un représentant qui défendrait au procès. Le seul moyen qui restait au préteur pour assurer satisfaction au créancier d'un *indefensus* était d'instituer une procédure ayant pour but de remplacer le débiteur par un successeur

Le but de l'instance *in jure* est d'ailleurs resté le même. Elle tend toujours à établir et à préciser le débat ; elle sert à faire savoir si le défendeur veut plaider ou si au contraire il reconnaît le bien fondé de la prétention de son adversaire : *utrum cedere an contendere debeat* (1). C'est le but que Ulpien assigne à l'*editio actionis* et c'est aussi le but de l'instance *in jure*, si l'on peut dire, comme le fait M. Lenel (2), que pendant toute cette instance le demandeur « *edit actionem* ».

Bref, la conception fondamentale de l'instance *in jure* n'a pas été modifiée et l'on peut dire que l'innovation de la loi Æbutia a, avant tout, porté sur la forme.

Elle a permis aux parties de remplacer « une forme incommode et rigide par une forme plus souple et moins périlleuse » (3), dans laquelle on retrouve d'ailleurs comme un reflet de la *legis actio*. L'*intentio si paret fundum Cornelianum* A^i A^i *esse* de la formule *petitoria* (4) n'est-elle pas la reproduction exacte de l'*aio hunc fundum esse meum*?

De même, le *si paret* N^m N^m *centum dare oportere* de l'*actio certæ creditæ pecuniæ* (5) ne rappelle-t-il pas immédiatement le *aio te mihi centum dare oportere*?

universel contre lequel le créancier pourrait poursuivre sa prétention au besoin devant le juge. »

(1) D. 2. 13, 1 pr. Ulpien, l. 4 *ad edictum*.

(2) Lenel, ZSS., 15, 1894, p. 386.

(3) Wlassak, *Litis contestatio*, p. 84.

(4) Lenel, *E. P.*, p. 145.

(5) *Ibid.*, p. 187.

Dans ces conditions, il ne semble pas que la transformation de l'instance *in jure* ait pu entraîner des changements dans les règles de fond de la *confessio*, tout au moins dans l'hypothèse où la formule n'est que la transposition d'une *legis actio* (1).

Nous verrons en effet que, d'après la loi Rubria, le *confessus* en matière d'*actio certæ creditæ pecuniæ* est soumis immédiatement et irrévocablement à l'exécution. C'est une preuve évidente que l'on n'a pas complètement abandonné l'ancien principe, d'après lequel le demandeur qui agit en justice arrive sans débat et sans jugement à la réalisation de son droit, quand il ne se heurte pas à une contradiction régulière.

Mais si ce principe n'a pas été abandonné, il a été très limité dans ses applications, par suite des règles nouvelles auxquelles furent soumises, dans le système formulaire, la condamnation et l'exécution.

Dans le nouveau système de procédure, toutes les condamnations sont pécuniaires, parce qu'en toute matière la formule enjoint au juge de condamner le défendeur à payer une somme d'argent. Sur une action personnelle le juge n'a plus à rendre un premier jugement sur la question d'obligation, et, le cas échéant, un second sur la question de dommages-intérêts. L'estimation se confond pour lui avec l'appréciation des rapports juridi-

(1) Cette modification dans la forme ne peut pas non plus avoir eu pour conséquence de rendre la *confessio* révocable, comme le prétend Bethmann-Hollweg, *Civilprozess*, II, p. 542 et s., réfuté par Demelius, p. 111 et s.

ques, car la *litis æstimatio* a cessé d'être une procédure distincte et surajoutée à l'instance sur le fond.

De même sur l'action réelle, la tâche du juge n'est plus terminée quand il a prononcé sur la question de propriété (1) ; il doit maintenant condamner le défendeur à payer une somme d'argent, si celui-ci ne restitue pas la chose dans les conditions fixées par l'*arbitrium judicis*.

L'introduction du principe des condamnations pécuniaires coïncida avec une modification fondamentale dans le système de l'exécution.

L'on sait que dans la procédure des *legis actiones* l'exécution forcée n'existait pas en matière réelle et, qu'en matière personnelle, elle se faisait au moyen de la *legis actio per manus injectionem*, qui pouvait provoquer l'intervention défensive d'un *vindex*.

Le principe d'après lequel la condamnation fait naître une nouvelle action n'a pas été abandonnée dans la procédure formulaire.

Dans cette procédure, l'initiative qui appartient encore au demandeur a normalement la forme d'une *actio* (2), et le préteur fut tout naturellement conduit à transposer l'*actio per manus injectionem* en une action nou-

(1) Comme dans le temps où le juge déclare seulement de qui le *sacramentum est justum* et de qui le *sacramentum est injustum*. Cf. Girard, *Manuel*, p. 964.

(2) Pernice, *Parerga*, II, ZSS., 5.1884, p. 44. « Der Partei fællt im ordentlichen Verfahren stets die Initiative zu, und diese hat durchgængig die Form der actio. »

velle, l'*actio judicati*. Nous croyons même avec M. Eisele (1) que cette action a dû s'introduire dès le début de l'époque formulaire pour les cas où la *manus injectio* était impossible. Il était en effet indispensable que, dans toute hypothèse, le débiteur pût être exécuté et que dans le système nouveau, comme dans l'ancien, on pût faire valoir par *infitiatio*, la nullité du jugement.

La nouvelle action, qui vint ainsi prendre la place de la *manus injectio*, supposait comme elle une *damnatio* à une somme d'argent; mais par là même que dans le nouveau système toutes les condamnations étaient pécuniaires, l'*actio judicati* eut un champ d'application beaucoup plus large : elle constitue dans la procédure formulaire la voie d'exécution unique, applicable aussi bien en matière réelle qu'en matière personnelle.

On comprendra facilement que de telles transformations aient eu leur contre-coup sur les règles de la *confessio in jure*.

Si l'exécution se fait toujours au moyen de l'*actio judicati* et si celle-ci suppose une dette liquidée en argent, il est bien évident qu'on ne pourra procéder immédiatement à l'exécution, contre le *confessus rem actoris esse*, ou le *confessus se hominem Stichum dare oportere*.

Ces *confessus* sont des *confessus incerti*; et nous verrons que, placés dans la loi Rubria et dans l'Edit sur la même ligne que l'*indefensus*, ils sont en principe sou-

(1) Eisele, *Abhandlungen*, p. 150-189.

mis aux mêmes moyens de contrainte que lui, par exemple à la *missio in possessionem*.

Ainsi donc, quand la *confessio* ne porte pas sur une somme d'argent déterminée, c'est-à-dire dans les actions réelles et dans un grand nombre d'actions personnelles, elle n'a plus les effets qu'elle produisait à l'époque des Actions de la Loi. Dans ces conditions, le principe très général, que l'action conduit à l'exécution quand elle n'est pas contestée, ne pouvait plus fournir l'explication des effets de la *confessio in jure*. Et, comme dans l'hypothèse où celle-ci a conservé son efficacité, elle conduit à l'exécution et donne naissance à l'action *judicati* comme le jugement, on a été amené tout naturellement à considérer que le *certum* (1) *confessus* est *pro judicato*.

§ 2. — Sources. — Méthode. — Plan.

Nous pouvons, sous le bénéfice des observations générales qui précèdent, procéder au classement de nos sources et indiquer dans quel esprit et dans quel ordre nous les utiliserons.

Ces sources sont de deux sortes :

1° Des fragments de jurisconsultes qui, à l'exception de quelques passages des Sentences de Paul, nous sont tous parvenus par l'intermédiaire de Justinien. Nous

(1) Nous emploierons avec la loi 6, *de confessis*, l'expression *certi confessus* pour désigner plus brièvement le *certæ pecuniæ confessus*.

aurons à fixer leur origine et à critiquer leur valeur authentique.

2° Un monument épigraphique : la *Lex Rubria Galliæ Cisalpinæ*, qui présente au point de vue de la langue des difficultés très grandes, sur lesquelles nous devons tout d'abord nous arrêter.

I. — *La Loi Rubria.*

La *Lex Rubria Galliæ Cisalpinæ* (1) constitue l'une des sources les plus précieuses et les plus sûres de notre étude.

Quelle que soit la date exacte qu'on doive lui assigner (2), il est bien certain qu'elle se place dans la période comprise entre la loi Æbutia et les lois Juliæ.

Elle nous renseigne donc sur les débuts mêmes de la procédure formulaire ; et elle nous fait entrevoir la possibilité de relier, en ce qui concerne la *confessio*, le droit classique au droit des actions de la loi et de retracer le développement de notre institution d'une façon, pour ainsi dire, continue.

Les renseignements que nous donne cette loi sont d'ailleurs certains, sinon très complets.

Le but de la loi Rubria est de régler la compétence entre les magistrats de la Gaule Cisalpine et le pouvoir

(1) Cf. Girard, *Textes*, p. 63.

(2) Mommsen (*Hermes*, 16, 1881, p. 24-41) place cette loi en 705. La majorité des auteurs la croit postérieure à 712. Voir renvois dans Girard, *loc. cit.* Notamment Karlowa, *R. R. G.*, 1, p. 440-443. Jg. Wlassak, *Prozessgesetze*, I, p. 228.

central, et nous savons à quel ensemble, il faut rattacher les chapitres XXI et XXII qui nous intéressent spécialement. Le texte de la loi nous est parvenu directement sur une table de bronze dans un état satisfaisant de conservation, et il présente dès lors toutes les garanties d'authenticité. La seule difficulté qui apparaisse sur ce texte est une difficulté d'ordre grammatical, d'ailleurs très sérieuse. Elle nous semble avoir été résolue heureusement par M. Demelius (1) dont nous reproduirons ici l'argumentation dans ses grandes lignes.

Jusqu'à lui les interprètes étaient divisés sur la façon de déterminer les hypothèses prévues par les chapitres XXI et XXII.

Hartmann (2) et Bethmann-Hollweg (3) admettent une double division ; la loi aurait prévu : 1° le cas de la *confessio in jure* ; 2° le cas du *non respondere*. Mais Rudorff (4), Puchta (5), Savigny (6) et Karlowa (7) adoptent une triple division et distinguent : 1° l'hypothèse de la *confessio* ; 2° l'hypothèse du *non defendere* ; 3° l'hypothèse du *non respondere*.

La discussion a pour nous un intérêt capital, car, de la solution adoptée, dépend la compréhension générale

(1) *Confessio*, p. 127-139.
(2) *Contumatialverfahren*, p. 105 et s.
(3) *Civilprozess*, II, p. 543, n° 16.
(4) *Edict. perp.*, p. 184 et s.
(5) ZGR. W. X, 222 et s.
(6) *Verm. Schriften*, II, p. 431, III, p. 385.
(7) *Legis act.*, p. 335.

des chapitres XXI et XXII et particulièrement de la *confessio certi.*

Nous croyons utile de reproduire ici le texte des chapitres XXI et XXII en y insérant un numérotage qui permettra de mieux distinguer les hypothèses.

C. XXI

A quoquomq(ue) pecunia certa credita signata forma p(ublica p(opulei)R(omani) in eorum quo o(ppido) m(unicipio) c(olonia) p(ræfectura) f(oro) v(eico) c(onciliabulo) c(astello) t(erritorio)ve quæ sunt eruntve in Gallia Cisalpina, petetur, quæ res non pluris HS.$\overline{\text{XV}}$ erit, sei is

I eam pecuniam in jure apud eum quei ibei j(ure)
d(eicundo) p(ræerit), ei quei eam petet aut ei quojus
nomine ab eo petetur d(are) o(portere) debereve
se confessus erit, neque id quod confessus erit sol-
1 vet satisve faciet,
II aut se sponsione judicioque utei(ve) oportebit non defendet,
III seive is ibei d(e) e(a) r(e) in jure non responderit neque d(e) e(a) r(e) sponsionem faciet neque judicio utei oportebit se defendet :

tum de eo, a quo ea pecunia peteita erit, deque eo quoi eam pecuniam d(arei) o(portebit) s(iremps) res lex jus caussaque o(mnibus) o(mnium) r(erum) esto, atque utei esset esseve oporteret sei is quei

2 I ita confessus erit,
II aut d(e) e(a) r(e) non responderit,
III aut se sponsione judicioque utei oportebit non defenderit,

ejus pecuniæ iei quei eam suo nomine petierit quoive eam d(arei) o(portebit) ex judicieis dateis judicareve recte jusseis jure lege damnatus esset fuisset.

Queique quomque II vir IIII vir præfec(tus) ve ibei j(ure) d(eicundo) p(raerit) is eum quei

I ita quid confessus erit neque id solvet satisve faciet,
3 II eumve quei se sponsione judiciove utei(ve) oportebit non defenderit
III aut in jure non responderit } neque id solvet satisve faciet.

t(antæ) p(ecuniæ) quanta ea pecunia erit de qua tum inter eos am(bigetur), dumt(axat) H S. $\overline{XV}$ sine fraude sua duci jubeto ; queique eorum quem ad quem ea res pertinebit duxserit, id ei fraudi pœnæve ne esto ; quodque ita factum actum jussum erit, id jus ratumque esto.....

C. XXII

A quo quid præter pecuniam certam creditam signatam forma p(ublica) p(opulei) R(omanei) in eorum quo o(ppido) m. c. p. f. u. c. c. t. ve quæ sunt eruntve in Gallia cis Alpeis, petetur quodve quom eo agetur, quæ res non pluris H S. $\overline{XV}$ erit, et sei ea res erit de qua re omnei pecunia ibei jus deicei judiciave darei ex h. l. op(ortebit), sei is.

4 I eam rem, quæ ita ab eo petetur deve ea re cum eo agetur, ei quei eam petet deve ea re aget, aut iei quojus nomine ab eo petetur quomve eo agetur in jure apud eum, quei ibei j(ure) d(eicundo) p(raerit), d(are) f(acere) p(ræstare) restituereve oportere aut se debere, eiusve eam rem esse aut se eam habere, eamve rem de qua arguetur se fecisse obligatumve se ejus rei noxsiæve esse, confessus erit deixseritve, neque d(e) e(a) r(e) satis utei oportebit faciet,

II aut, sei sponsionem fierei oportebit sponsionem non faciet [aut] non restituet neque se judicio utei oportebit defendet,

III aut sei d(e) e(a) r(e) in jure nihil responderit neque d(e) e(a) r(e) se judicio utei oportebit defendet :

tum de eo, a quo ea res ita petetur quomve eo d(e) e(a) r(e) ita agetur, deque eo quoi eam rem d(arei) fi(erei) p(ræstarei) restitui satisve d(e) e(a) r(e) fierei oportebit s(iremps) l(ex) r(es) j(us) c(aussa)que omnibus o(mnium) r(erum) esto atque utei esset esseve oporteret,

I sei is quei ita quid earum rerum confessus erit
5 II aut d(e) e(a) r(e) non responderit,
III neq(ue) se judicio utei oportebit defenderit
de ieis rebus Romæ apud pr(ætorem) eumve

quei de ieis rebus Romæ j(ure) d(eicundo) p(ræ) esset,

I in jure confessus esset,

6 II aut ibei d(e) e(a) r(e) nihil respondisset,

III aut judicio se non defendisset ;

p(rætor) q(ue), isve quei d(e) e(is) r(ebus) Romæ j(ure) d(eicundo) p(raerit) (1), in eum et in heredem ejus d(e) e(is) r(ebus) om(nibus) ita jus deicito decernito, eosque duci bona eorum possideri proscreibeive veneireque jubeto ac sei is heresve ejus,

I d(e) e(a) r(e) in jure apud eum pr(ætorem) eumve quei Romæ j(ure) d(eicundo) præsset, con-

7 fessus esset,

II aut d(e) e(a) r(e) nihil respondisset,

III neque se judicio utei oportuisset defendisset,

dum ne quis d(e) e(a) r(e) nisei pr(ætor) isve quei Romæ j(ure) d(eicundo p(raerit) eorum quojus bona possideri proscreibei veneire duceique eum jubeat.

Les chapitres XXI et XXII de la loi Rubria énumèrent donc à sept reprises différentes les hypothèses pour lesquelles ils statuent. L'énumération est particulièrement précise et détaillée au début des deux chapitres (n°s 1

(1) Voir sur ces mots Wlassak, *Processgesetze*, 1, p. 94.

et 4) les autres énumérations (n°s 2, 3, 5, 6, 7) ont le caractère d'un bref rappel.

Ainsi que le montre la disposition typographique que nous avons adoptée, nous admettons partout une division tripartite. Aucune discussion n'est possible pour les énumérations 2, 3, 6. Nos adversaires eux-mêmes reconnaissent qu'elles distinguent les trois hypothèses de la *confessio*, de la *non responsio*, et de la *non defensio uti oportet*; mais ils prétendent que dans les énumérations 1, 4, 5, 7, la double division est seule admissible.

Voyons leurs arguments, et tâchons d'y répondre, en justifiant au fur et à mesure la division que nous avons adoptée dans la reproduction du texte.

Bethmann-Hollweg attache toute l'importance aux énumérations de début des chapitres XXI et XXII (n°s 1 et 4) et nous commençons par elles.

Enumération 1. — Bethmann-Hollweg y distingue deux membres de phrase commençant, le premier par la conjonction *si*, le deuxième par *sive*.

Quant à la proposition *aut si sponsione judicioque uteive oportebit non defendet*, il la rattache à la proposition précédente *neque..... solvet satisve faciet*, de telle sorte que ces deux propositions réunies forment une coordonnée à la proposition *si is... confessus erit*. Ainsi divisé, le texte voudrait dire que le défendeur est *pro judicato* dans deux cas : 1° si ayant fait une *confessio*, il ne

(1) *Civilprocess, loc. cit.*, n. 16.

paie pas ou ne défend pas *uti oportet* ; 2° si n'ayant pas répondu *in jure*, il ne se défend pas *uti oportet.*

Mais cette interprétation du texte est inadmissible au point de vue grammatical, en présence de la négation contenue dans la proposition *aut se non defendet.* Si le législateur avait voulu établir la double division admise par Bethmann-Hollweg, il aurait écrit : *si is eam pecuniam.... in jure confessus erit, neque id quod confessus erit solvet satisve faciet aut se sponsione judicioque uteive oportebit defendet.*

Mais par là même que nous avons *non defendet*, on arrive à un non-sens en rattachant la dernière proposition, commençant par *aut*, à la proposition précédente, commençant déjà par la négation *neque* tenant la place de *et si non*. Si on traduisait exactement le texte, en construisant comme le veut Bethmann-Hollweg, l'on arriverait au sens suivant : « le *confessus* est *pro judicato* s'il ne paie pas ou s'il défend », ce qui est absurde.

Dans ces conditions, il n'y a qu'un parti possible. La proposition II *aut se... non defendet* est une proposition suppositive parallèle à la proposition I *si is... confessus erit* et dépendant comme elle de la principale — *siremps lex esto*. Elle vise ainsi une hypothèse à part.

L'énumération 1 comporte donc une triple division : et il nous sera assez facile d'écarter maintenant les objections accessoires que l'on a dirigées contre la construction que nous adoptons.

Nous ne devons pas d'abord nous arrêter à l'objection tirée de ce que la proposition II qui vise le cas de l'*indefensio* ne commence pas par *sei is* comme celles qui ont trait au *confiteri* et au *non respondere*. Il ne s'en suit pas du tout que le texte ne vise pas trois hypothèses distinctes et indépendantes. On peut admettre, comme le fait Demelius (1), que le législateur a négligé dans la proposition II, de reproduire le *sei is* de la proposition I, en laissant au lecteur le soin de suppléer, à moins que l'on ne préfère dire, qu'au point de vue grammatical la succession, *si*, *aut*, *sive*, soit absolument correcte pour indiquer différentes possibilités (2).

Reste l'objection que tire Hartmann (3) de la présence du futur dans la proposition *aut... non defendet*. Si cette proposition, nous dit-il, visait une hypothèse à part, elle devrait avoir son verbe au futur antérieur comme les deux propositions entre lesquelles, elle se trouve insérée (*confessus erit*, — *responderit*).

Demelius (4) répond très justement à cette objection que la *non defensio uti oportet* ne correspond pas au *confiteri* et au *non respondere*, mais bien à l'absence de paiement après *confessio* et à l'absence de *defensio* après *non respondere*. Ce qui explique très bien que nous ayons dans le texte *non defendet* comme nous avons *solvet satisve faciet*, — *sponsionem faciet neque judicio... se defendet*.

(1) *Conf.*, p. 133.

(2) Cf. Salomon Reinach, *Grammaire latine*, Paris, 1886, p. 101, § 98, n° 2.

(3) *Contumacialverfahren*, p. 105, n° 3.

(4) *Conf.*, p. 137.

La preuve peut donc sembler faite que la triple division s'impose dans la première des énumérations de la Loi Rubria.

Enumération 4. — Elle s'impose aussi, et pour les mêmes raisons, dans l'énumération du chapitre XXII. Elle y apparaît même plus facilement et pour ainsi dire du premier coup d'œil ; car, les membres de phrase II et III commencent tous les deux par la conjonction *aut*.

Enumérations 5 et 7. — Nous reconnaissons qu'ici la double division est grammaticalement possible et qu'elle donne un sens satisfaisant ; on aurait dans ce système la construction suivante :

I *si... confessus esset,*

II *aut... nihil respondisset neque se judicio utei oportuisset defendisset.*

Nous croyons cependant qu'ici encore le législateur avait en vue trois hypothèses et non pas deux.

Remarquons tout d'abord, que dans les énumérations 2 et 6, l'hypothèse de la *non responsio* suit immédiatement l'hypothèse de la *confessio*, comme dans les énumérations 5 et 7 qui nous occupent, et que la *non defensio* prévue en dernière ligne y forme très certainement une hypothèse à part. N'en serait-il pas de même malgré les apparences dans les énumérations 5 et 7 qui présentent le même ordre (1) ? Nous en trouvons un

(1) Comp. Demelius, *Conf.*, p. 135 : Il propose une explication de ce changement dans l'ordre des énumérations qui ne nous a pas semblé très frappante et que nous ne reproduisons pas.

indice quant à nous, dans ce fait que le verbe *defendere* se trouve au même temps que le verbe *respondere* dans les énumérations 5 et 7, tandis que, si la *non defensio* dont il est question, était consécutive à une *non responsio* au lieu de former une hypothèse parallèle à celle-ci, ces verbes devraient être, comme dans les énumérations 1 et 4, n° III, à des temps différents.

En récapitulant, nous arrivons aux résultats suivants :

Deux des énumérations seulement permettent d'adopter la division bipartite.

Trois ne peuvent s'expliquer que dans le système de la division tripartite.

Toutes comportent cette division.

Dans ces conditions, la conclusion s'impose. La construction que l'on doit adopter est celle qui, applicable à tous les textes que nous avons étudiés, est imposée par quelques-uns et non pas celle qui, admissible pour quelques uns, est complètement inapplicable aux autres (1).

Au point de vue grammatical, c'est donc le système de la triple division qui semble le seul exact. Quelques considérations juridiques nous conduiront au même résultat et nous permettront d'écarter tous les doutes.

Dans le système de la triple division, la Loi Rubria nous donne une liste complète et exacte des principales

(1) Demelius, *Conf.*, p. 134. « So ist es das logisch einzig Richtige, so zu construieren wie es alle Stellen erlauben, einige nothwendig machen, nicht aber umgekehrt wie einige erlauben, die andern aber verbieten. »

attitudes que le défendeur peut avoir *in jure* et elle donne pour chacune d'elles une solution explicable en raison et s'accordant bien avec les textes de l'époque classique. A ce double point de vue, le système de la double division est beaucoup moins satisfaisant.

In jure le défendeur peut reconnaître le droit du demandeur : c'est le premier cas prévu par la loi Rubria. — Il peut, sur l'invitation du magistrat (1), qui lui demande de se prononcer, refuser de répondre et postérieurement ne pas participer à l'organisation de l'instance : c'est le troisième des cas prévus par le début des chapitres XXI et XXII. —

Il peut enfin, après avoir protesté contre la prétention de son adversaire, refuser de se défendre, d'accepter le *judicium* ou de fournir une *cautio* indispensable. C'est le deuxième des cas prévus par la Loi Rubria dans notre système : c'est une hypothèse pratique passée sous silence par le législateur dans le système de la division tripartite, sans qu'on puisse en apercevoir la raison.

D'autre part, dans le système de Bethmann-Hollweg, on arrive à traiter de la même façon celui qui a fait une *confessio* et celui qui a refusé de répondre ; tous les deux seront *pro judicato*, s'ils ne se défendent pas *uti oportet*.

(1) Demelius, p. 137-138, admet comme nous que le *non respondere* se produit sur une *interrogatio* du magistrat analogue à celle qui se produisait dans l'*in jure cessio* (V.plus haut p. 23). Cette *interrogatio* doit être soigneusement distinguée des interrogations *in jure, an heres sit* etc... qui faisaient naître des *actiones interrogatoriæ*. Comparer dans la procédure criminelle l'*interrogare lege* (Hartmann-Ubbelohde, p. 406 et s.; Mommsen, *Strafrecht*, p. 387).

Or, l'on sait que la *confessio* dans les *legis actiones*, implique que l'on renonce au droit de se défendre. Pourquoi en aurait-il été autrement dans la procédure formulaire et comment admettre, contre toute vraisemblance que la loi Rubria ait considéré comme possible que celui qui a fait une *confessio* puisse immédiatement la rétracter en acceptant de se défendre ? On peut hésiter au contraire sur l'intention de celui qui ne répond pas et l'on comprend que le *non respondens* ne soit *pro judicato* que quand il ne se défend pas.

Enfin comment concilier le système de Bethmann-Hollweg avec le texte de Paul (L. 56, *ad ed.*) :

Qui tacet non utique fatetur sed tamen verum est eum non negare (1).

Ce texte devient au contraire très clair, si l'on admet avec les partisans de la division tripartite que le *respondens* n'est traité comme le *judicatus* que quand il refuse de se défendre.

L'on pourra, il est vrai, se demander pourquoi si, dans le cas de l'*infitiatio* comme dans le cas du *non respondere*, c'est le *non defendere* qui a de l'influence sur le cours postérieur de la procédure, la loi Rubria distingue les deux cas, quand il eût été beaucoup plus simple de dire par exemple, dans l'hypothèse du chapitre XXI : « Le défendeur est *pro damnato* : 1° quand il a fait une *confessio* et qu'il ne donne pas une *satisfactio ;* 2° quand

(1) D. 50,17,142.

il ne se défend pas *uti oportet*. Cette distinction plus claire aurait été tout aussi juste et nous n'en emploierons pas d'autre dans le cours de cette étude.

Mais l'on comprendra peut-être que la loi Rubria ait préféré sa division tripartite, si l'on se souvient que dans le système des actions de la loi, le *non respondere* avait exactement les mêmes effets que le *confiteri*. A une époque où la procédure des *legis actiones* existait encore, il a pu paraître utile au législateur de mettre à part l'hypothèse du *non respondere* pour laquelle il innovait, et d'éviter ainsi des confusions possibles.

Tous les doutes étant ainsi écartés sur l'interprétation de la loi Rubria, nous nous trouvons très exactement renseignés sur la *certi confessio*. Malheureusement le chapitre XXII, qui prononce le renvoi à Rome des affaires où une *incerti confessio* s'est produite, ne nous donne que des indications assez vagues sur la façon dont l'*incerti confessus* y était traité. Nous serons forcé d'y suppléer par les renseignements que nous fourniront les textes de l'époque classique. Cette combinaison de textes appartenant à des époques aussi éloignées l'une de l'autre, pourra surprendre au premier abord : Elle nous paraît cependant justifiée, car entre ces époques, aucune modification de nature à réagir sur les règles de la *confessio* ne s'est introduite dans le système de la procédure formulaire.

II. — *Fragments de jurisconsultes.*

Les textes de jurisconsultes, avec lesquels nous compléterons les renseignements qui nous ont été fournis par la loi Rubria et que nous trouvons au Digeste, ont pu être retouchés par les compilateurs et nous devons dès maintenant indiquer la valeur authentique que nous attribuerons à certains d'entre eux.

Ils ont pu, dans leur sens primitif, se rapporter à des ordres d'idées très différents ; nous devons tout d'abord en opérer un classement préalable qui sera justifié, si besoin est, au cours de notre étude.

Nous plaçons dans un premier groupe les fragments d'Ulpien (L. 18 *ad edictum*) et de Paul (Livre 22 *ad edictum*) qui forment au Digeste les lois 23, § 11, 24 et 25 au titre *ad legem Aquiliam* (9,2) et un autre fragment de Paul (Livre 15 *ad Plautium*) qui est la loi 4 *de confessis* (D. 42, 2).

Tous ces textes sont relatifs à l'hypothèse de l'*actio Legis Aquiliæ*, et Demelius a démontré, que la *confessio* en cette matière est soumise à des règles spéciales, parce qu'elle ne porte pas en principe sur la prétention du demandeur, mais sur des faits. Il en est de même, croyons-nous, de la *confessio* sur l'*actio ex testamento* dont il est question dans les Lois 3, 5,8 *de confessis* et dans la Loi 71, § 2, *de legatis*. Nous laisserons donc tous ces textes en dehors de notre étude de la *confessio in jure* proprement dite, c'est-à-dire, de la reconnaissance du droit.

Nous les étudierons dans un chapitre à part consacré à la *confessio* dans les actions *qui crescunt in duplum propter infitiationem*.

Dans un second groupe nous plaçons les fragments du Digeste empruntés aux commentaires de l'Edit relatif à la *confessio* et à l'*indefensio*. Ce sont d'après M. Lenel (1) :

1° Des fragments du livre 58 d'Ulpien *ad edictum* qui forment la loi 2 *de confessis* (42.2) et la loi 3 *de cess. bon.* (42.3).

2° Ensuite des extraits du livre 56 de Paul *ad edictum*, fr. 1, *de confess.* (42.2) ; fr. 5, *de cess. bon.* (42.3), fr. 142, *de R. I.* (50.17).

3° Enfin un fragment de Julien, Liv. 45, *Dig.*, qui forme au Digeste le fr. 35, *de cond. ind.* (12.6).

Ces textes formeront, avec certaines parties de la loi 6 *de confessis* et les chapitres XXI et XXII de la loi Rubria, les bases fondamentales de notre étude de la *confessio certi* et *incerti* à l'époque formulaire.

Enfin, dans une dernière catégorie, nous rangeons les textes qui doivent ou seulement, peuvent être rattachés à la procédure *extra ordinem*. La question peut se poser pour les Constitutions du Code relatives à la *confessio*, et pour certains passages des Sentences de Paul (2) (V. 5ª, *de effectu sententiarum*). La loi 7 *de*

(1) *E. P.*, p. 329, n. 2, 3, 4.

(2) M. Pernice admet que les Sentences de Paul dans la forme sous laquelle nous les connaissons se réfèrent en principe à la procédure

confessis est certainement relative à cette procédure.

Reste enfin la loi 6 *de confessis* qui est un extrait du Livre 5 du *De omnibus tribunalibus* d'Ulpien.

Ce texte, dans son *principium* et son § 1 que nous avons déjà rapportés, se trouve d'accord avec tous les renseignements qui nous sont fournis d'autre source pour l'époque de la procédure formulaire. Il opère la distinction entre le *confessus certi* et le *confessus incerti* et décide que le premier seul sera *pro judicato*. Dans son § 2 alinéa 1er, il contient une disposition spéciale à la revendication que l'on peut facilement s'expliquer et que nous n'avons aucune raison de suspecter.

Mais, dans le 2e alinéa du même paragraphe, nous trouvons une généralisation absolue du principe *confessus pro judicato* rattachée à une *oratio Divi Marci* dans des termes quelque peu hésitants.

Cette partie du texte se trouve en contradiction avec son début et s'accorde mal avec ce qui suit. Elle est suspecte dès l'abord.

Nous établirons qu'elle a été interpolée, et, sans pouvoir faire actuellement la preuve de nos assertions, nous devons indiquer que, selon nous, le texte d'Ulpien, dans sa forme primitive, s'appuyait sur une *oratio Divi Marci*

extraordinaire. Cf. : ZSS., 5, 1884, p. 39, n° 3 : Die Sentenzen haben naturgemæss — mindestens in der Gestalt wie sie uns hier vorliegen — das Cognitionsverfahren als das regelmæssige zur Voraussetzung. *Idem*, ZSS., 7, 1886, p. 103-112 (*Amœnitates juris*, III) : « Die Sentenzen des Paulus kennen in der Fassung, wie sie den Compilatoren vorliegen und uns vorliegen das Ordinarverfahren überhaupt nicht mehr (avec renvoi au D. 3, 5, 46, 3) ».

relative à la procédure extraordinaire, pour étendre à toutes les actions arbitraires les dispositions du § 2, alinéa 1er spéciales à la revendication.

La généralisation complète du principe que le *confessus pro judicato est* n'a pu se faire que dans la procédure extraordinaire ; la fin du § 2 de la loi 6 *de confessis* est l'œuvre des compilateurs et nous devions l'écarter de notre étude de la *confessio* à l'époque formulaire.

III. — *Plan.*

Le plan que nous devons suivre ressort tout naturellement des explications que nous venons de donner.

Dans un chapitre Ier consacré à la *confessio certi*, nous étudierons la règle *confessus pro judicato*.

Un 2e chapitre traitera de la *confessio incerti* et nous y montrerons que sur les actions *in personam* et aussi en principe sur les actions *in rem* et dans la procédure des interdits, l'*incerti confessus* est traité comme l'*indefenuss*.

Dans un 3e chapitre nous étudierons la *confessio* dans les actions qui *crescunt in duplum propter infitiationem.*

Et enfin, dans un chapitre complémentaire qui formera une transition toute naturelle à la procédure extraordinaire, nous étudierons la Loi 6 *de confessis* et l'*oratio Divi Marci.*

CHAPITRE PREMIER

LA « CONFESSIO CERTI ».

Une étude de la *confessio certæ pecuniæ* dans la procédure formulaire peut se ramener au commentaire et à l'explication de la règle « *confessus pro judicato est* » : et nous aurons épuisé notre sujet quand nous aurons recherché, quel est le domaine de cette règle, à quelles conditions elle s'applique, et quels sont ses effets.

§ 1. — Domaine de la règle « confessus pro judicato ».

Le chapitre XXI de la loi Rubria qui vise d'une façon indubitable l'*actio certæ creditæ pecuniæ* décide, et dans cette hypothèse seulement, que le *confessus* sera traité comme s'il avait été « *damnatus ex judicieis datis* ».

Les textes de Paul et d'Ulpien donnent à la règle « *confessus pro judicato* » une tout autre généralité et l'on peut tenir pour certain qu'ils l'appliquent à tous les débiteurs qui reconnaissent devoir une somme d'argent.

Il semble donc en rapprochant ces textes que le domaine de notre règle, restreint à l'hypothèse de la *certa credita pecunia* aux débuts de l'époque formulaire, s'est étendu à tout le *certum* à l'époque classique.

Nous devons étudier avec d'autant plus de soin cette extension du domaine de la *confessio certi* qu'elle a peut-être coïncidé avec un changement de principes.

Un auteur, M. Schrutka (1) se refuse en effet, à admettre que la distinction opérée par les chapitres XXI et XXII de la loi Rubria puisse être rattachée, comme nous l'avons fait jusqu'ici, à l'idée que dans le chapitre XXI la *confessio* porte sur une somme d'argent, tandis que dans le chapitre XXII elle porte sur un autre objet et que l'exécution immédiate est dès lors impossible. Pour lui, les dispositions du chapitre XXI sont spéciales à l'*actio certæ creditæ pecuniæ* et se justifient par la nature et les caractères particuliers de cette action.

Le demandeur peut dans cette *condictio* déférer au défendeur le *jusjurandum necessarium* et les parties procèdent, avant de plaider, à la *sponsio* et à la *restipulatio tertiæ partis*.

Ces règles, dit M. Schrutka, font de l'*actio certæ creditæ pecuniæ* une procédure à la fois sévère contre le débiteur et périlleuse pour le créancier, mais elles lui assurent une rapidité exceptionnelle (2).

(1) Schrutka-Rechtenstamm, Ueber den Schlussatz in Cap. XXI Legis Rubriæ. *Wiener Sitzungsberichte*, t. 106, p. 473-474. La division des chapitres XXI et XXII ne s'explique pas seulement par cette considération : « dass in den Contumacialverfahren des XXI Capitels die Executionsreife unmittelbar eintritt, sondern erklært sich aus der viel weiter reichenden Erscheinung, dass in damaliger Zeit, das Verfahren wegen pecuniæ certæ creditæ, auch noch mit andern prozessrechtlichen Privilegien mehr positiven Characters ausgestattet war, die demselben eine gewisse Strenge und Raschheit, aber auch Gefæhrlichkeit aufprægten. »

(2) Cf. Mommsen, *Droit public romain* : trad. Girard, t. VI, 2, p. 467,

Le *judicium recuperatorium* que les magistrats municipaux peuvent, aux termes de la loi Rubria (chap. XXI *in fine*), organiser contre celui qui : « *ita vadimonium Romam non promiserit aut vindicem locupletem non dederit* », apparaît aussi à M. Schrutka (1) comme une institution spéciale à l'*actio certæ creditæ pecuniæ* et destinée à accentuer son caractère sommaire et expéditif. Cet auteur est ainsi tout naturellement conduit à admettre que le législateur s'est placé au même point de vue dans les dispositions initiales du chapitre XXI, où il décide que le *confessus* et l'*indefensus* seront traités comme le *judicatus* dans l'hypothèse d'une *certa credita pecunia.*

Si ce système était exact, la loi Rubria aurait donc appliqué en matière de *confessio* un système tout différent de celui de l'époque des *legis actiones* et de celui de l'époque classique.

Les anciennes règles de la *confessio in jure* auraient disparu complètement aux débuts de la procédure formulaire, en devenant des règles accessoires, et spéciales à l'*actio certæ creditæ pecuniæ.* Elles auraient postérieurement réapparu dans leur indépendance et leur généralité pour s'appliquer dans tous les cas de reconnaissance d'une dette d'argent.

L'on voit immédiatement combien une telle conception

n. 1. « Cette action, dit M. Mommsen, correspond pratiquement à notre action en paiement d'une lettre de change. »

(1) *Loc. cit.*, p. 466 et s.

est peu conforme aux vraisemblances historiques et nous nous refuserons à l'admettre en l'absence de preuves décisives.

Or le système de M. Schrutka ne fournit pas de telles preuves ; il donne lieu, au contraire, à des objections graves.

Tout d'abord, il n'est pas certain que le *judicium recuperatorium* dont il est question dans le chapitre XXI *in fine* soit spécial à l'*actio certæ creditæ pecuniæ*, dont il aurait pour but d'accélérer la marche.

Le refus de fournir le *vadimonium Romam faciendum* ou le *vindex locuples* pouvait se produire aussi bien sur l'une des actions prévues par le chapitre XXII que dans l'hypothèse du chapitre XXI. Dans un cas comme dans l'autre les magistrats municipaux devaient être appelés à défendre la juridiction du préteur romain (1) et l'on peut fort bien admettre avec M. Lenel (2) qu'ils organisaient un *judicium recuperatorium* toutes les fois que le *vadimonium* ou le *vindex* n'étaient pas fournis.

Il est vrai que les fragments de la loi Rubria qui nous sont parvenus ne parlent de ce *judicium recuperatorium* qu'à propos de l'*actio certæ creditæ pecuniæ* ; mais il est fort possible que la Loi Rubria, qui suit, dans les chapitres XIX à XXIII qui nous ont été conservés, le plan de l'édit du préteur (3), ait traité comme celui-ci, dans ses chapitres

(1) *Sic*, Mommsen, *Droit public romain*, trad. Girard, VI, 2, p. 467.

(2) *E. P.*, p. 42, 45, Comp., ZSS., 15, p. 19.

(3) Cf. Krüger, *Sources* (trad. Brissaud) p. 121, note 1. Cette considération peut fournir une objection contre le système de M. Schrutka :

de début, du *vadimonium Romam faciendum* et du *judicium recuperatorium*. On en peut même trouver un indice dans les termes du chapitre XXI *in fine* :

Quo minus in eum quei ita vadimonium Romam ex decreto ejus, quei ibei j(ure) d(eicundo) p(rærit) non promeisserit aut vindicem locupletem ita non dederit ob e(am) r(em) judicium recup (1) *(eratorium) is quei ibei jure d(eicundo) pr(ærit) ex. h. l. det judicareique d(e) e(a) r(e) ibei curet ex h. l. n(ihilum) rogatur.*

Il nous semble presque impossible d'admettre que le premier de ces « *ex. h. l.* » vise la même partie de la loi que le deuxième, et l'idée du législateur est, à notre avis, celle-ci : « la disposition présente n'empêche pas que les magistrats municipaux pourront organiser un *judicium recuperatorium* conformément à cette loi ».

Or, les chapitres qui nous ont été conservés ne traitent pas de l'organisation de ces *judicia* et le chapitre XXI *in fine* renvoie forcément, selon nous, à un chapitre perdu.

Si, maintenant, le législateur est revenu sur ces *judicia* dans le chapitre XXI à propos de l'*actio certæ creditæ pecuniæ*, c'est qu'il a cru devoir écarter un doute possible dans cette hypothèse.

si en effet la loi Rubria faisait de la *confessio certi* une institution spéciale à l'*actio certæ creditæ pecuniæ*, c'est dans un titre relatif à cette action qu'elle aurait dû en traiter et non pas après le *damnum infectum* (chap. XX), matière placée dans l'édit assez loin après le titre *de rebus creditis* et peu avant le titre relatif à l'exécution.

(1) Nous adoptons la lecture proposée par M. Schrutka. Cf. Girard, *Textes*, p. 67, on y trouve *judicium recup(erationem)*.

Il décidait en effet dans le chapitre XXI, que l'*indefensio* sur l'*actio certæ creditæ pecuniæ* conduisait à l'exécution sans qu'il y eût organisation d'un *judicium*. On aurait pu avoir l'idée de considérer le refus de *vadimonium promittere* ou de *vindicem locupletem dare* sur cette même action, comme un cas d'*indefensio* et de passer immédiatement à l'exécution. Le législateur croit utile d'éviter toute confusion en décidant que le *judicium recuperatorium*, par lequel il a sanctionné ailleurs et d'une façon générale le refus de fournir le *vadimonium* ou le *vindex*, pourra encore être organisé ici.

Un des arguments les plus sérieux qu'on puisse faire valoir en faveur du système de M. Schrutka sur la *confessio in jure* se trouve ainsi écarté. Son système repose par ailleurs sur un ensemble d'affirmations dont nous avons le droit de lui demander la preuve.

Il n'est pas certain par exemple, que le serment nécessaire et la *sponsio tertiæ partis* aient été introduits dans la *condictio certæ pecuniæ* dans le but d'assurer à cette action une rapidité et une rigueur particulières (1).

Et d'ailleurs, quand même la preuve serait faite de cette assertion, il resterait encore à prouver que les règles spéciales de la *confessio in jure* en matière d'*actio certæ creditæ pecuniæ* doivent être rattachées au même besoin de célérité et de rigueur.

Ne serait-il pas possible au contraire d'admettre que

(1) Cf. Jobbé-Duval, *Procédure*, p. 152; Geouffre de Lapradelle, *Serment*, p. 85 et s. ; Cf. Demelius, *Schiedseid.*, p. 72-75.

l'existence du serment et de la *sponsio* et l'assimilation de la *confessio* au jugement dans l'*actio certæ creditæ pecuniæ* s'expliquent en partie par ce fait que cette action porte sur une somme d'argent (1) ?

Enfin, l'on peut objecter au système de M. Schrutka que, dès les débuts de l'époque formulaire, l'*actio certæ creditæ pecuniæ* n'était pas la seule action sur laquelle l'*indefensio* et la *confessio* conduisaient, sans jugement, le demandeur à son but. Il en était de même sur l'*actio judicati*.

A la vérité, la loi Rubria ne le dit pas, mais on est bien forcé de l'admettre, parce qu'autrement, le système de la procédure romaine serait incomplet et inefficace, et l'exécution toujours incertaine et provisoire.

L'on sait en effet que l'exécution qui, en principe, se faisait sur la personne (*duci jussio*) était obtenue dans

(1) Nous admettons en effet avec M. Geouffre de Lapradelle, *Serment*, p. 47-56, que le *jusjurandum necessarium* n'a existé que dans la *condictio certæ pecuniæ* et non pas dans la *condictio triticaria*. Les raisons qu'il donne et qu'il tire en particulier du plan de l'édit nous ont paru bonnes ; mais il y en a une, selon nous plus décisive, qui lui a échappé comme à Demelius. Le serment conduit directement à l'exécution comme la *confessio in jure*, mais cette exécution, dans un cas comme dans l'autre, ne peut se faire qu'au moyen de l'*actio judicati* et celle-ci suppose une dette d'argent. Argument à tirer de nombreux textes, où le serment est comparé au jugement (D. 44, 5, 1 ; D. 12, 2, 42, 3 ; C. 4, 1, 8). Nous trouvons un autre indice que le serment n'a pu exister dans une action où la *confessio* n'avait pas force exécutoire, dans ce fait que ces deux institutions sont liées et se complètent. Celui qui ne prête pas le serment ou ne le réfère pas est traité comme *confessus* (D. 12, 2, 38). Nous ne pouvons insister ici sur tous ces points. Cf. pour l'époque des Actions de la Loi Ihering, *Geist*, 5te Aufl. I, p. 157 ; trad. fr., I, p. 159 et note 96.

la procédure formulaire au moyen de l'*actio judicati*. Or, il est inadmissible que le débiteur condamné ait pu échapper à la *duci jussio* et même à une exécution définitive sur ses biens, en refusant de défendre à cette action. C'est cependant ce qui serait forcément arrivé si l'*indefensus* n'avait pas été traité comme le condamné sur l'*actio judicati*, puisqu'alors on aurait seulement pu procéder contre lui par voie de *missio in possessionem* et que l'*indefensus* soumis à ce moyen de contrainte peut, jusqu'à la vente, contester à nouveau le droit du créancier (1).

Nous admettons donc que l'*actio judicati* conduisait inéluctablement à l'exécution du *judicatus* qui ne défend pas en donnant caution, et que par conséquent le *confessus* et l'*indefensus* sur l'*actio judicati* étaient traités comme celui qui est condamné sur cette même action.

Ainsi donc le domaine de la règle « *confessus pro judicato* » à l'époque de la loi Rubria était plus large que celui du *certum creditum* et il ne peut plus être question d'expliquer les règles de la *confessio* dans le chapitre XXI de cette loi, par la nature spéciale de l'*actio certæ creditæ pecuniæ*.

Si l'on considère maintenant que, quelles que soient les différences entre la rédaction de leurs formules (2),

(1) Voir sur tous ces points notre chapitre préliminaire, § 1 et les renvois à M. Eisele.

(2) Sur la formule de l'*actio judicati*, Voir Lenel, *E. P.*, p. 354-355 ; Eisele, *Abh.*, p. 155-156 ; Wlassak, *Prozessgesetze*, I, p. 96 et suiv.

l'*actio certæ creditæ pecuniæ* et l'*actio judicati* tendaient toutes deux au paiement d'une somme d'argent, la solution la plus simple ne sera-t-elle pas d'admettre que le législateur dans la loi Rubria s'est placé au même point de vue que les jurisconsultes classiques et que la distinction opérée par les chapitres XXI et XXII peut se ramener à une division entre *confessio certi* et *confessio incerti*.

Pour nous donc, le principe qui a prévalu dès le début de l'époque formulaire, c'est que la *confessio* ne peut conduire à l'exécution que quand elle porte sur une *certa pecunia*. Mais il nous sera plus difficile de dire si ce principe s'appliquait, à l'époque de la loi Rubria, dans un domaine aussi large qu'à l'époque classique et si par exemple le défendeur qui, poursuivi par une action *incerta*, fait une *confessio certi* sera *pro judicato*.

Il l'était certainement au temps d'Ulpien (1). Si, en effet, on doit agir contre l'*incerti confessus* pour l'amener à faire une *certi confessio*, c'est que par là on arrivera à l'exécution. Mais la loi Rubria n'a pas prévu que le défendeur à l'une des actions qu'elle énumère dans son chapitre XXII et dont aucune ne tend au paiement d'une somme d'argent déterminée, puisse *in jure* faire une *confessio certæ pecuniæ*. Une telle *confessio* se produisant par exemple sur une action où le demandeur réclame *quidquid ob eam rem dare facere oportet*, était d'ailleurs

(1) D. 42,2,6.

assez différente de la *confessio certi*, se produisant sur l'*actio certæ creditæ pecuniæ* ou sur l'*actio judicati*; elle ne correspond pas terme pour terme à la prétention du demandeur telle qu'elle est formulée par l'*intentio*.

On ne peut donc, sans suppléer au texte du chapitre XXII et même sans y contredire, admettre qu'à l'époque de la loi Rubria le *confessus certi* sur une *actio incerta* était *pro judicato*. Nous croyons avec M. Demelius (1) que si, dans l'hypothèse d'une telle *confessio*, le défendeur ne paie pas ou ne promet pas, avec des garanties suffisantes, le paiement de la somme sur laquelle il est tombé d'accord avec le demandeur, il sera traité comme le *confessus incerti* et dès lors renvoyé à Rome conformément au chapitre XXII.

Dans ces conditions, les effets de la *confessio certi* auraient été restreints, aux débuts de la procédure formulaire, à l'hypothèse de l'*actio certæ creditæ pecuniæ* et de l'*actio judicati*, c'est-à-dire de deux actions qui ne sont que la transposition en formule de deux actions de la loi.

La loi Rubria nous révélerait ainsi un système transactionnel. A cette époque, l'on reconnaît déjà le principe que la *confessio* conduit à l'exécution quand elle porte sur un *certum*. Mais on ne l'applique que dans deux actions qui, sous une forme nouvelle, reproduisent deux *legis actiones*. Si l'on se rappelle que les effets

(1) *Conf.*, p. 151-152.

de la *confessio in jure* s'expliquaient dans la procédure primitive des Romains par la nature de la *legis actio*, on pourra peut-être comprendre comment, à une époque où les *legis actiones* fonctionnaient encore, le législateur n'ait pas reconnu d'efficacité propre à la *confessio in jure* dans des actions qui ne remontent pas à l'ancien droit et dans des hypothèses où l'aveu ne répond pas absolument dans la forme à la prétention du demandeur telle qu'elle est formulée dans l'*intentio*.

Le principe ancien que l'action non contestée conduit à la réalisation du droit et le principe nouveau que le *confessus æris* est *pro judicato* auraient ainsi coexisté un certain temps, en se limitant l'un l'autre.

Puis, quand le système des *legis actiones* eut été aboli, l'idée nouvelle se substitua peu à peu (1) aux anciennes conceptions, et en toute matière la *confessio certi* conduisit à l'exécution comme le jugement.

Cette explication n'est qu'une hypothèse, mais on lui

(1) Nous renonçons à indiquer avec plus de précision les étapes de cette évolution. Nous avions pensé un moment, sur la foi de la Loi 6 *de confessis*, à admettre que l'extension des règles de la *confessio certæ creditæ pecuniæ* à toute *confessio certa* avait été faite par Ulpien en se basant sur l'*oratio Divi Marci*. Il dit, en effet, dans ce texte, *certum confessus pro judicato erit*. Il est cependant vraisemblable que cette extension s'est faite plus tôt. Peut-être pourrait-on supposer qu'elle s'est produite tout d'abord dans les actions voisines de l'*actio certæ creditæ pecuniæ* dans lesquelles le *jusjurandum necessarium* fonctionne. Ainsi par exemple dans l'*actio pecuniæ constitutæ* et dans l'*actio de operis*. On s'expliquerait ainsi l'allusion très surprenante que fait la Loi 6 *de confessis*, § 3 aux *operæ* : « *nec qui jurat de operis* ». Cf. plus haut, p. 86, n. 1.

reconnaîtra tout au moins vis-à-vis de celle de M. Schrutka, l'avantage de la vraisemblance.

§ 2. — A quelles conditions le certi confessus est-il pro judicato ?

La première condition pour que le *confessus* soit *pro judicato*, est que la *confessio* soit bien véritablement une *confessio in jure*. Elle doit porter *in jus* (1), c'est-à-dire sur la prétention même du demandeur, non sur des faits apportés par lui à l'appui de sa demande et elle doit avoir lieu *in jure* « *apud eum qui ibi jure dicundo prærit* » comme dit la loi Rubria, et à Rome devant le préteur (2).

Par ailleurs, la loi Rubria suppose que l'aveu est fait par le défendeur en personne au demandeur ou à son représentant ; et, si l'on rapproche ce texte des paragraphes 3 et 4 de la Loi 6 *de confessis* (3), on arrive aux règles suivantes :

La *confessio* doit être faite par le défendeur en personne. Les *procuratores*, les *tutores* et les *curatores* ne peuvent *fateri*, nous dit Ulpien ; et l'on doit exiger l'*auctoritas*, du pupille qui veut faire *confessio*.

(1) Dig., 42, 3, 8. Ulpien, L. 26, *ad edictum* : « *Qui cedit bonis antequam... condemnetur vel in jus confiteatur...* »

(2) Dig., 42, 2, 6 « *subsequi prætorem voluntatem orationis Divi Marci* ».

(3) *Ibid.* : « *Si quis absente adversario confessus sit, vivendum numquid non debeat pro judicato haberi, quia nec qui jurat de operis obligatur nec soleat quis absenti condemnari. Certe procuratorem tutorem curatoremve præsentem esse sufficit. 4. Sed an et ipsos procuratores vel tutores vel curatores fateri sufficiat videamus et non puto sufficere.* »

La *confessio* ne peut, d'autre part, intervenir en l'absence de l'adversaire ; mais elle peut être faite à son représentant : « *ei qui eam petit aut ei quojus nomine ab eo petetur* » dit la loi Rubria ; et Ulpien, pour l'époque classique, donne la même solution.

Au point de vue de la forme, la *confessio* n'est soumise à aucune règle. Elle peut intervenir à un moment quelconque de l'instance *in jure* qui, à l'époque formulaire, conduit à la délivrance de la formule ; et il suffit qu'il manifeste l'intention de ne pas contester le droit du demandeur pour que le débiteur soit *pro judicato*, et, s'il ne paie pas, soumis aux voies d'exécution (1).

Bethmann-Hollweg (2) admet, il est vrai, une autre condition. Pour lui à l'époque formulaire et jusqu'à l'*oratio Divi Marci*, la *confessio* est révocable ; et dès lors, il exige, pour que le *confessus* soit *damnatus* et soumis à l'exécution une condition de plus que celles que nous avons énumérées : il faudra qu'il ne se décide pas à accepter le *judicium*.

Mais nous n'hésitons pas à repousser ce système dont nous avons, par avance, détruit le principal argument.

Bethmann-Hollweg s'appuie, en effet, sur la double division des chapitres XXI et XXII de la loi Rubria et son

(1) La loi Rubria CXXI nous prouve que la *confessio* n'a pas besoin de correspondre mot pour mot à la prétention du demandeur. Les *confessio dare oportere* ou *se debere* sont mises sur la même ligne.

(2) *Civilprozess*, II, p. 545. « Nur wenn der gestændige Beklagte weder den Klæger befriedigt, noch zur Uebernahme des Judiciums... bereit ist, gilt er pro damnato. » Voir *suprà*, p. 58, n. 1.

système devient insoutenable si l'on reconnaît, comme nous, qu'en réalité la loi Rubria a prévu trois séries d'hypothèses.

Si nous passons maintenant en revue les textes de l'époque classique que Bethmann-Hollweg invoque à l'appui de son opinion, nous verrons sans peine qu'ils ne fournissent aucune preuve valable de la révocabilité de la *confessio in jure*.

Et tout d'abord, la loi 71, § 2 *de legatis* et *fideicommissis* (Dig., XXX), Ulpien, l. 51, *ad edictum* (1).

In pecunia legata confitenti heredi modicum tempus ad solutionem dandum est, nec urguendum ad suscipiendum judicium. Quod quidem tempus ex bono et æquo prætorem observare oportebit.

Bethmann-Hollweg (2) trouve dans ce texte la preuve que le *confessus certi* peut reprendre le *judicium* et qu'il n'est donc pas immédiatement traité comme un *judicatus* et soumis à l'exécution.

Demelius (3) fait remarquer avec beaucoup de raison que le texte prouverait trop s'il avait le sens que lui donne Bethmann-Hollweg. Celui-ci admet, en effet, que l'*oratio Divi Marci* a rendu la *confessio* irrévocable ; or, le texte, qui est d'Ulpien, est postérieur à cette *oratio* (4).

(1) Cf. Lenel, *Palingenesia*, n° 1246. Il remarque en note qu'il s'agit du legs *per damnationem* et renvoie à Gaius, 4, 9. Il place le texte sous la rubrique, *si ex testamento agatur*.

(2) *Civilprozess*, II, p. 545, n° 22.

(3) *Conf.*, p. 141.

(4) Marc-Aurèle est mort en 180 et Ulpien en 228 (Krüger, *Sources*, trad. Brissaud, p. 286. Comp. *Prosopographia*, Pars II, p. 24-25.

Cette seule remarque fait naître des doutes sur l'interprétation proposée par Bethmann-Hollweg, qui se concilie d'autre part assez mal avec le texte. Il n'y est pas question d'un droit laissé au *confessus* ; il est seulement dit que le défendeur ne peut pas être contraint à lier immédiatement l'instance.

Demelius admet pour toutes ces raisons une autre explication. D'après lui (1) la loi 71 viserait l'hypothèse où l'héritier, n'ayant pas d'argent disponible, voudrait, à tout prix, obtenir un délai. Dans ce cas, le demandeur aurait pu renoncer au bénéfice de la *confessio* et consentir à un procès qui retardera son paiement mais qui lui assurera le double. Ulpien déciderait dans la loi 71 qu'il fallait éviter une pareille combinaison et que le préteur devait accorder un délai à l'héritier.

Cette explication paraît invraisemblable, et l'on ne voit pas bien quel avantage aurait pu avoir l'héritier à gagner un délai, relativement court, au prix du double.

A notre avis (2), la loi 71 devient très claire si l'on se souvient que l'*actio ex testamento* est une de ces actions *qui crescunt in duplum propter infitiationem* et, si l'on admet que le *judicium* dont elle parle est la *formula confessoria* spéciale à ces actions.

La disposition qu'elle contient n'a rien de commun avec les règles ordinaires de la *confessio in jure* et elle doit être écartée du présent débat.

(1) *Conf.*, p. 142.

(2) C'est l'idée que semble indiquer Lenel par le renvoi à Gaius dont il accompagne dans sa *Palingenesia* la loi 71 (voir plus haut, p. 93, n. 1).

Bethmann-Hollweg prétend en second lieu trouver une nouvelle preuve de la révocabilité de la *confessio* dans deux fragments de Paul et d'Ulpien (LL. 56 et 58 *ad edictum*) qui forment au Digeste les fr. 3 et 5, *de cess. bon.* (1).

Ces textes établissent que le débiteur qui a fait cession de biens peut encore se défendre et ainsi échapper à la vente de ses biens. Or, l'on admet ordinairement que la cession de biens ne peut être faite que par le débiteur *judicatus* ou *confessus*. Si donc, conclut Bethmann-Hollweg (2), il est dit indifféremment de tout débiteur qui a fait cession de biens qu'il peut reprendre la défense, il s'en suit que le *confessus certi* peut accepter le *judicium* et par conséquent rétracter librement son aveu.

Cette conclusion, en bonne logique, ne nous semble pas s'imposer. Les lois 3 et 5 disent bien qu'une *defensio* peut écarter la vente ; mais ils ne précisent pas de quelle *defensio* il s'agit, et Bethmann-Hollweg fait une pure hypothèse quand il conclut que le *confessus* peut reprendre la défense sur l'action intentée primitivement contre lui. Pour le *judicatus*, il ne peut être question que de défense à l'*actio judicati*; et les lois 3 et 5 ne permet-

(1) D. 42,3,3. *Is qui bonis cessit ante rerum venditionem utique bonis suis non caret : quare si paratus fuerit se defendere bona ejus non veneunt.* Ibid., 5. *Quem pœnitet bonis cessisse potest defendendo se consequi ne bona ejus veneant.*

(2) *Civilprozess*, II, 547.

tent pas de dire que le *confessus certi* qui est *pro judicato* put se défendre autrement.

Les bases mêmes du raisonnement de Bethmann-Hollweg sont d'ailleurs contestables. Il prétend que seuls, le *judicatus* et le *confessus*, peuvent faire *cessio bonorum* et il en donne pour preuve (1) la loi 8 *de cess. bon* (D. 42, 3). Ulpien, livre 26 *ad edictum*:

Qui cedit bonis antequam (debitum adgnoscat) condemnetur vel in jus confiteatur audiri non debet.

Mais nous croyons avec M. Wlassak (2) que ce texte ne comporte pas une telle interprétation. Elle se heurterait en effet à un passage de Gaius (III, 78) qui, dans la liste qu'il dresse des cas de *venditio bonorum*, signale comme deux cas indépendants l'un de l'autre, la *cessio bonorum* et le jugement de condamnation.

Pour comprendre la loi 8, il faut la rapprocher des lois 6 et 7 qui établissent qu'après *bonorum cessio*, le débiteur ne peut plus être poursuivi s'il vient à acquérir des biens de peu d'importance. Placée dans cet ensemble, la loi 8 décide que ce privilège n'appartient au débiteur qui a fait cession de biens que contre l'action née du jugement ou de l'aveu.

Si donc la *bonorum cessio* peut être faite par tout débiteur, il est bien évident que les lois 3 et 5 ne peuvent plus servir d'argument à la thèse de Bethmann-Hollweg.

(1) *Ibid.*, note 33.
(2) Pauly-Wissowa, *Realencyclopädie*, V° *Cessio Bonorum*.

Toutes les preuves que cet auteur a fournies pour soutenir la théorie de la révocabilité de l'aveu jusqu'à l'*oratio divi Marci* se trouvent ainsi écartées. Nous verrons postérieurement que cette *oratio* a eu un tout autre but que de rendre la *confessio certi* irrévocable ; et nous pouvons pour le moment considérer comme certain, en nous tenant aux textes des commentateurs de l'édit et à la loi Rubria, que le *confessus in jure certi* qui ne donne pas satisfaction est *pro damnato*.

Nous devons maintenant rechercher ce qu'il faut entendre par ce *pro damnato esse*, ou en d'autres termes préciser les effets de la *confessio certi*.

§ 3. — Sens et portée de la règle « confessus pro judicato ». — Effets de la confessio certi.

En présence du chapitre XXI de la loi Rubria, qui décide que le *confessus* sera traité comme s'il avait été *judicatus ex judicieis datis*, on pourrait être porté à étendre, sans plus de discussion, tous les effets du jugement à la *confessio certæ pecuniæ* ; et c'est en réalité ce qu'ont fait la plupart des auteurs.

Le *confessus*, dit-on en se référant au texte bien connu de Paul, s'est jugé lui-même ; et ce jugement que le particulier rend dans sa propre cause aura la force exécutoire et la force juridique : l'autorité absolue et la présomption irréfragable de vérité qui caractérisent à l'époque classique la *res judicata* (1). Mais M. Demelius

(1) Savigny, *Syst.*, trad. fr. VII, p. 14 ; Bethmann-Hollweg, *Versuche*, p. 231 ; *Civilprozess*, I, p. 117.

a objecté à ces auteurs et en particulier à Bethmann-Hollweg, que les textes d'Ulpien et de Paul portent seulement que le *confessus* est *pro judicato* ; ce qui revient à dire qu'ils considèrent fictivement le *confessus* comme un *judicatus*. L'interprète peut alors se demander, comme en présence de toute fiction juridique, quel est le sens et la portée de cette fiction et jusqu'à quel point l'assimilation entre le *judicatus* et le *confessus* est permise.

M. Demelius (1) s'autorise de ces considérations pour transporter dans la procédure formulaire le système qu'il avait proposé pour l'époque des *legis actiones* et que nous avons repoussé en partie. Les arguments nouveaux avec lesquels il prétend prouver que la *confessio* à l'époque classique ne participait, à aucun degré, de l'autorité de la *res judicata* ne nous ont pas semblé convaincants ; et nous reconnaîtrons, en parcourant les textes sans idée préconçue, qu'en principe la *confessio in jure* a force exécutoire et force juridique. Mais nous n'hésiterons pas, comme certains auteurs, à admettre des différences de situation entre le *judicatus* et le *confessus*.

I.— *Force exécutoire de la « confessio certi »*.

Après les différentes explications (2) que nous avons données à propos du chapitre XXI de la loi Rubria il est

(1) *Conf.*, p. 214-228.
(2) V. Chap. prél., § 2, I, Chap. I, § 2.

tout d'abord bien certain pour nous que le *confessus æris* est, dans la procédure formulaire comme dans la procédure des Actions de la Loi, soumis à l'exécution sans qu'il y ait eu *litis contestatio* et sans qu'un juge ait prononcé sur le droit du créancier. A la différence de l'aveu du Droit français qui, tout en s'imposant au juge, ne l'empêche pas de rendre un jugement, la *confessio certi* en Droit romain classique remplace le jugement et a force exécutoire comme lui.

Cela n'a été contesté et ne pouvait être contesté par personne. Mais il importe de préciser, plus qu'on ne le fait habituellement, dans quelles conditions cette force exécutoire s'exercera.

Le chapitre XXI de la loi Rubria, après avoir posé le principe que le *confessus* et l'*indefensus* seront traités comme le *judicatus*, fait avec netteté une application de ce principe à la matière de l'exécution, en décidant que le magistrat procédera à la *duci jussio* contre le *confessus* et l'*indefensus* qui ne paient pas. MM. Bethmann-Hollweg et Demelius se contentent d'analyser ces dispositions; et l'on pourrait croire, à les lire, que les magistrats municipaux procédaient à la *duci jussio* directement et immédiatement après la *confessio* ; s'il en était ainsi le *confessus* ne serait pas traité comme le *judicatus*, auquel un délai de grâce était accordé avant l'exécution (1).

(1) Gaius, III, 78 : *Item judicatorum post tempus quod eis partim lege XII Tabularum partim edicto prætoris ad expediendam pecuniam tribuitur.*

Or, le *confessus* avait aussi droit à ce délai dans la procédure des Actions de la Loi (1) et il en jouit encore à l'époque classique (2). Par là même nous considérons que la *duci jussio* dont fait mention la loi Rubria, n'intervenait qu'après un certain laps de temps, très probablement après un délai de *XXX dies justi*, comme la *manus injectio* à l'époque antérieure.

Reste à savoir comment on sera conduit à cette *duci jussio*.

Nous savons déjà que le jugement donne naissance à une action en exécution, l'*actio judicati*, et que c'est sur cette action que la *duci jussio* intervient, quand le *judicatus* ne paie pas et ne défend pas (3). N'en serait-il pas de même du *confessus* qui est *pro judicato*?

A la vérité, M. Demelius (4) a contesté très vivement que la *confessio* fît naître une action en exécution, en s'appuyant sur un texte de Paul (*Sent.*, II, 1, 5):

Si qui debitum quocumque modo confessus docetur, ex ea re actio creditori non datur sed ad solutionem compellitur.

Pour lui, comme pour Bethmann-Hollweg (5), ce texte prouve que l'exécution intervient directement

(1) Lex XII Tab., t. III, 1. *Aeris confessi.... XXX dies justi sunto.*

(2) D. 42,2,6, § 7. « *Confessi utique post confessionem tempora quasi ex causa judicati habebunt.* » Comp., D. 5, 1, 21 (*de judiciis*); 30, 71, 2; 42, 1, 31 (*de re jud*); Paul, *Sent.* V, 5 a, § 2.

(3) Voir plus haut : Chap. prél., § 1.

(4) *Conf.*, p. 216.

(5) *Civilprozess*, p. 547, 548, n. 37.

contre le *confessus* au lieu d'être précédée d'une action comme au cas de jugement.

En admettant un instant que l'*actio* dont parle le texte soit une action en exécution, analogue à l'*actio judicati*, l'on pourrait faire remarquer à l'encontre de Demelius que le passage de Paul ne prouve pas que d'une façon générale il n'y aura jamais d'*actio* contre le *confessus*. Il dit seulement que l'action n'est pas délivrée (*actio non datur*) quand il est établi (*docetur*) qu'il y a eu *confessio* de la dette. Il est possible dans ces conditions que Paul visait ici l'hypothèse de l'*indefensio* à l'*actio judicati*, qui, comme l'on sait, entraîne l'exécution immédiate.

Mais, en réalité, nous croyons que le texte a un tout autre sens. M. Schwalbach (1), au lieu de rapporter les mots « *ex ea re* » à la proposition précédente tout entière, les rattache au mot « *debitum* », de telle sorte que le texte, au lieu de signifier, comme le prétend Demelius, qu'aucune action en exécution n'est donnée contre le *confessus*, voudrait simplement dire que l'action qui sanctionne le droit primitif du demandeur, l'*actio certæ creditæ pecuniæ*, par exemple, n'est pas délivrée quand il y a *confessio*. Le texte de Paul exprimerait ainsi, dans une forme que des remaniements ont peut-être quelque peu défigurée, la même idée que la règle : « *confessus pro judicato est* ». Nous sommes dès lors en droit de l'écarter du débat présent.

(1) Schwalbach, *Ueber die ungültige Urteile*, ZSS., 7, 1886, p. 121.

Il reste certain : qu'à l'époque des actions de la Loi la *confessio æris* donnait naissance à une action, — que la loi Rubria assimile le *confessus* au *judicatus* et que ce dernier est soumis à l'*actio judicati*. Comme d'autre part les motifs invoqués par M. Eisele (1) pour justifier l'idée que l'exécution contre le *judicatus* ne peut être introduite par voie de *postulatio*, gardent toute leur force dans l'hypothèse d'une *confessio*, l'on peut admettre que, comme le *judicatus* le *confessus* était soumis à l'*actio judicati* dès les débuts de l'époque formulaire de même que, d'après la loi des XII Tables, ils étaient soumis tous les deux à la *manus injectio*.

Cette *actio judicati* conduira inéluctablement à l'exécution du *confessus* qui ne paie pas et qui ne réussit pas, en défendant *uti oportet*, à établir la nullité de fond ou de forme de la *confessio*. Cette exécution aura lieu à Rome, soit sur la personne, soit sur les biens au moyen

(1) Voir plus haut, Chap. prél., § 1. Nous n'attacherons pas une grande importance au nom qu'il convient d'attribuer à l'action en exécution sanctionnant la *confessio certi*. Certains auteurs, par exemple Degenkolb, *Einlassungszwang*, p. 159, parlent d'*actio confessi*. Nous préférons admettre avec M. Eisele que cette action s'appelait *actio judicati* : Cette solution nous semble commandée par la règle *confessus pro judicato*, si l'on admet qu'il n'existait pas d'*actio pro judicato*. Cf. Eisele, *Abh.*, p. 125: « Es giebt zwar eine *manus injectio pro judicato* aber in den Formularprozess scheint diese Terminologie nicht übergegangen zu sein ; vielmehr nur die *actio judicati* vorzukommen (mit Subsumption des *confessus* und des ihm gleichgestellten unter den *judicatus*). Ich schliesse dies daraus, dass ein Fall der *manus injectio pro judicato*, der in den Formularprozess übergegangen ist dort, seine selbstændige Bezeichnung hat. (*a. depensi* ; Gaius, 4, 25, vergl. mit 22) ». Cf. Sohm, *Institutionen*, 6te Aufl, 1896, p. 205.

de la *missio in possessionem.* Les magistrats municipaux de la Gaule Cisalpine, qui n'ont pas l'*imperium*, pourront seulement procéder à l'exécution sur la personne.

Il faut donc, à notre avis, établir comme une coupure entre le principe, pour ainsi dire théorique, posé au début du chapitre XXI et l'injonction faite aux magistrats municipaux dans la fin de ce texte : « *Queique quomque II vir... duci jubeto.* Entre la *confessio* et l'*indefensio* prévues en tête et le *duci jubere* signalé en finissant, un délai s'est écoulé ; le créancier a fait « *editio* » de l'*actio judicati*, et c'est sur cette action qu'intervient l'exécution, si le *confessus* ne paie pas ou refuse de se défendre (1).

Nous allons déterminer si les moyens de défendre à l'*actio judicati* sont les mêmes au cas de *confessio* qu'au cas de jugement, en étudiant la force juridique de la *confessio in jure.*

(1) La loi Rubria dans son chapitre XX ne suppose pas qu'il y a eu *defensio* à l'*actio judicati* parce que dans l'hypothèse qu'elle prévoit cette *defensio* n'était guère possible. On défend en effet à cette action en prétendant, ou bien que l'on a payé, ou que le jugement est nul (Cf. Eisele, *loc. cit.*). Or la loi Rubria suppose qu'il n'y a pas eu paiement et que la *confessio* est valable : 1°. Dans son énumération 3, elle précise avec la plus grande netteté : « *neque id solvet satisvefaciet* (Cf. Demelius, p. 135, qui à tort selon nous, présente la répétition du *neque... satisvefaciet* après le membre de phrase III comme une maladresse et peut-être comme le résultat d'une inattention du graveur) ; 2°. Elle a pris soin de déterminer dans son début toutes les conditions de forme et de fond nécessaire pour qu'une *confessio* soit valable et elle statue en les supposant remplies « *Si is... ei qui eam petet* etc.. » Voir plus loin ce que nous disons sur l'hypothèse de l'erreur, p. 105.

II. — *Force juridique de la « confessio certi ».*

Le jugement a, dans la procédure formulaire, une autorité et une efficacité juridique propre qu'il n'avait pas à l'époque des Actions de la Loi.

A côté du principe ancien que l'action éteint le droit d'agir, s'est introduite l'idée nouvelle que le jugement a lui aussi effet extinctif : il fait obstacle à une nouvelle action du demandeur. Bien plus il s'oppose par le fait même de son existence (1) à ce que le défendeur qui n'a pas encore agi, « puisse soulever à nouveau la question tranchée dans le premier procès » (2).

Le jugement est d'autre part investi d'une présomption irréfragable de vérité et il ne peut être attaqué pour cause d'erreur : « *res judicata pro veritate habetur* » (3). Par voie d'*infitiatio* à *l'actio judicati*, le défendeur peut bien faire valoir la nullité de fond ou de forme du jugement, « *judicatum sit nec ne* » (4) ; mais il ne peut pas

(1) C'est à ce dessein que nous n'employons pas l'expression « fonction positive de l'*exceptio rei judicatæ* ». Cf. Erman, *Conceptio*, ZSS., 19, 1898, p. 351-353, et les auteurs cités, notamment : Dernburg, *Pandecten*, I, § 162 (5e éd., 1888, p. 371 et n. 4). Jg. Pernice, *Parerga*, ZSS., 19, 1898, p. 152: « Le jugement romain qui émane d'un particulier a l'*auctoritas*, mais il n'a pas la force constitutive du droit objectif (nicht objectives Recht schaffende Kraft)... Il n'a qu'une fonction négative : « Es wehrt durch sein Dasein einer neuen Klage. »

(2) Girard, *Manuel*, p. 1010.

(3) D. 1, 5, 25, Ulpien, l. 1, *ad legem Juliam et Papiam* ; cf. D. 50, 17, 207.

(4) D. 49, 8, 1, pr. Cf. Bethmann-Hollweg, *Civilprozess.*, II, p. 721, 724.

s'opposer à l'exécution en disant qu'il y a eu mal jugé. En second lieu, la *condictio indebiti* lui est refusée quand sur la foi d'un jugement erroné il a payé ce qu'en fait il ne devait pas (1). L'erreur du juge ne modifie donc pas la valeur juridique et l'efficacité du jugement.

Nous avons admis qu'à l'époque des Actions de la Loi l'erreur du *confessus* ne modifiait pas non plus les effets de la *confessio* et il est à croire qu'il en était encore de même dans la loi Rubria qui n'a pas prévu le cas où une *confessio* pouvait être erronée en fait. Mais il semble bien qu'à l'époque classique le droit ait été modifié sur ce point. Ulpien ne nous dit-il pas dans son commentaire sur l'édit (D. 42,2,2, *de confessis*) :

Non fatetur qui errat nisi jus ignoravit.

Il paraît évident au premier abord que l'erreur prévue par ce texte est l'erreur qui porte sur le contenu de la *confessio* et qu'Ulpien vise ici l'aveu fait dans la croyance erronée que l'on est débiteur.

L'on comprendrait difficilement que Bethmann-Hollweg (2) ait pu penser, en présence de ce texte, à une erreur portant sur l'objet de la prétention du demandeur, si l'on ne savait qu'il veut à tout prix assimiler le *confes-*

(1) D. 17, 1, 29, 5, « *tunc enim propter auctoritatem rei judicatæ repetitio quidem cessat* ». C. 4, 5, 1, « *pecuniæ indebitæ per errorem non ex causa judicati solutæ esse repetitionem jure condictionis non ambigitur* ». Cf. Bethmann-Hollweg, *ibid.*, p. 725.

(2) Cf. *Versuche*, p. 271. *Civilprozess*, p. 540, nº 5 et la réfutation dans Demelius, *Conf.*, p. 222-225.

sus et le *judicatus* et reconnaître à la *res confessa* comme à la *res judicata*, une présomption légale de vérité.

Une telle erreur de la part du *confessus* serait en soi difficilement concevable, et en tout cas il est bien certain que la loi 2, *de confessis*, ne s'y applique pas. Car si ce texte visait l'hypothèse ou l'une des parties demande une chose et où l'autre reconnaît en devoir une autre, on ne pourrait s'expliquer les mots « *nisi jus ignoravit* » (1). Que le demandeur, en effet, ait en vue un objet ou un autre, cela est toujours une question de fait, et non une question de droit. L'erreur du *confessus*, si elle portait sur l'objet de la prétention du demandeur, serait toujours une erreur de fait, et Ulpien aurait ainsi apporté au principe qu'il posait, une restriction inutile et sans objet.

La distinction entre l'erreur de fait et l'erreur de droit s'imposait au contraire si, comme nous le croyons, la loi 2 *de confessis* s'applique à la déclaration du défendeur qui par erreur croit être débiteur quand, en réalité, il ne l'est pas.

Il peut par exemple faire *confessio* parce qu'il ne sait pas qu'il a droit à l'*exceptio divisionis* ou parce qu'il ignore qu'un fait connu de lui est de nature à vicier le contrat (2). Une telle *error juris* n'est pas prise en considération.

Si, au contraire, le débiteur avoue, dans l'ignorance

(1) *Sic*, Demelius, *ibid.* et Rudorff, ZGR., XIV, p. 352.
(2) *Sic*, Demelius, p. 224.

d'un paiement fait par son auteur et que postérieurement il découvre dans les papiers de la succession les quittances du créancier, il y aura erreur de fait.

Dans ce cas, la *confessio* sera nulle.

Tel est évidemment le sens des mots *non fatetur* puisque pour désigner la nullité du jugement, les jurisconsultes emploient l'expression correspondante *judicatum non est* (1).

Si l'on remarque maintenant que le texte d'Ulpien était placé dans son commentaire de l'Edit dans un titre relatif à l'exécution (*qui nisi sequantur, ducantur*) (2), on sera amené tout naturellement à admettre que le *confessus* faisait valoir cette nullité comme toutes les autres nullités de fond ou de forme de la *confessio* par voie d'*infitiatio* sur l'*actio judicati*.

Le *confessus* peut donc échapper à l'exécution s'il établit que son aveu a été le résultat d'une erreur de fait. Pour établir son erreur, il faudra nécessairement qu'il prouve qu'en réalité il ne devait pas. Le juge de l'*actio judicati* aura donc à apprécier de nouveau le rapport de droit qui avait été fixé provisoirement par l'aveu et qui redevient incertain quand la *confessio* est attaquée pour erreur.

En ce sens, la *confessio in jure* n'a pas l'autorité du jugement : elle n'est pas investie comme lui d'une pré-

(1) D. 49, 8, 1, pr. Ainsi se trouve réfutée l'opinion de Brackenhœft, *Archiv. f. civ. Prax.*, XX, p. 373, rapportée par Demelius, p. 225, n. 1.

(2) Cf. Lenel, *E. P.*, p. 329.

somption absolue de vérité et la règle « *res confessa pro veritate habetur* » n'est pas romaine.

Ce n'est pas à dire d'ailleurs que la *res confessa* soit dépourvue de toute autorité et qu'elle n'ait aucune force juridique : qu'elle soit, comme le prétend M. Demelius, un simple acte de procédure ne modifiant pas la situation de droit entre les parties.

Sans doute, la *confessio* est soumise à une cause de nullité qui ne peut atteindre le jugement, mais quand cette nullité spéciale n'existe pas, ou quand elle ne peut plus être invoquée, la *res confessa* peut participer à l'autorité de la *res judicata*.

C'est ainsi par exemple que l'exécution qui suit la *confessio* est irrévocable comme celle qui suit le jugement et que, même au cas où il y a eu erreur de fait, elle ne pourra donner lieu à une action en restitution (1).

La loi Rubria semble déjà supposer que le résultat acquis après le *duci jubere* est définitif :

quodque ita factum actum erit, id jus ratumque esto.

Un texte de Julien, *lib.* 45 *Dig.*, (D. 12, 6, 35 *de condictione indebiti*), nous donne la même solution pour l'*indefensus* :

Qui ob rem non defensam solvit quamvis postea defendere paratus est non repetet quod solverit.

Et nous n'hésitons pas à admettre que le *confessus* (2),

(1) Sauf peut-être *restitutio in integrum*, Comp. Savigny, *Syst.*, trad. fr., VII, p. 31, n° 6.

(2) Cf. Lenel, *E. P.*, p. 329.

placé sur la même ligne que l'*indefensus* par la loi Rubria et l'édit du préteur, ne pouvait pas davantage exercer la *condictio indebiti* pour réclamer ce qu'il avait payé par suite d'un aveu erroné en fait.

La dette du *confessus* est en effet sanctionnée par l'*actio judicati*, action qui croît au double au cas de dénégation, et l'on sait que la *condictio indebiti* est exclue quand la dette donne naissance à une telle action (1).

A ce point de vue, la *res confessa* avait donc vis-à-vis du défendeur la même autorité que la *res judicata*. Voyons maintenant si la *confessio in jure* avait les mêmes effets que le jugement vis-à-vis du demandeur, en ce sens qu'elle éteignait son droit d'agir.

Qu'arrivera-t-il si après la *confessio* le créancier attaque à nouveau son débiteur? Son action n'a pas été éteinte, ni par la *litis contestatio*, puisque la formule

(1) C. 4, 5, 4. Inst. J. 3, 27, 7, cf. Girard, *Manuel*, p. 606. Accarias, II, p. 438. Ce raisonnement, très simple, nous fait repousser le système de Demelius qui admet que le *confessus* qui a payé peut intenter la *condictio indebiti* au cas d'erreur de fait. Ce système ne serait pas établi même si l'on admettait comme l'auteur que l'exécution contre le *confessus* n'est pas introduite régulièrement au moyen d'une *actio*. La seule preuve positive que Demelius donne de son système est en effet la loi 2 *de confessis* et nous savons qu'elle ne vise pas la *condictio indebiti*. Remarquons d'ailleurs que Demelius lui-même reconnaît implicitement qu'une action peut naître sur la *confessio certi*. Ne dit-il pas, p. 221 : « So steht natürlich auch hier der Nachweis der formalen Nichtigkeit des Confessionsacts der Execution entgegen, so dass die Angelegenheit nachträglich wieder auf den Weg des Rechtsstreites geleitet werden kann. » Par là même que d'après Demelius lui-même il ne peut s'agir après *confessio certi* de la délivrance de l'action née du contrat, il faut donc qu'une action différente, analogue à l'*actio judicati*, ait existé.

n'est pas délivrée, ni par le jugement puisqu'il n'y a pas de débats judiciaires après *confessio in jure certi*. Le débiteur ne sera-t-il donc pas protégé contre une nouvelle action ?

Il le sera bien évidemment, si, soit volontairement, soit forcé par les voies d'exécution, il a payé la dette d'argent qu'il a avouée. Le paiement éteint, en effet, de plein droit l'obligation et tous ses accessoires.

La difficulté n'existe véritablement que dans l'hypothèse assez peu pratique où le *confessus* a défendu à *l'actio judicati* et a été absous sur cette action, si postérieurement le créancier intente à nouveau contre lui son action primitive, l'*actio certæ creditæ pecuniæ* par exemple.

Il nous semblerait inadmissible que le préteur puisse délivrer la formule au créancier sans y insérer tout au moins l'*exceptio doli* au profit du débiteur. Mais nous croyons que l'on n'avait pas besoin de recourir à cette exception et que le droit du demandeur est éteint par la *confessio*.

La loi Rubria décide avec toute la généralité possible que dans l'hypothèse qu'elle prévoit, l'affaire sera réglée comme s'il y avait eu jugement, aussi bien vis-à-vis du demandeur que vis-à-vis du défendeur :

tum de eo a quo ea pecunia peteita erit deque eo quoi eam pecuniam d(areí) o(portebit) siremps, res, lex, jus, caussa que omnibus omnium rerum esto...

Et nous croyons que la *confessio* avait comme le jugement l'effet extinctif, parce qu'elle avait comme lui effet créateur de droit.

La *confessio* donne naissance à l'*actio judicati* ; le débiteur n'est plus tenu en vertu du *mutuum* ou de la stipulation ; il est obligé à *confessum facere* de même que le *judicatus* à *judicatum facere*. Son créancier n'a pas le droit d'exiger autre chose de lui : l'ancienne action est éteinte et remplacée : *Novatur judicati actione prior contractus* (1), Justinien nous semble exprimer dans ce passage une idée très exacte, même pour l'époque classique et qui doit trouver son application aussi bien au cas d'aveu qu'au cas de jugement.

Il est à présumer que, dans un cas comme dans l'autre, l'extinction du droit du demandeur se produisait tantôt *ipso jure*, tantôt au moyen de l'exception *rei judicatæ vel in judicium deductæ* (2). Dans l'hypothèse de la *confessio* il n'y a pas eu *res in judicium deducta*, mais dans un certain sens, il y a eu *res judicata* et l'on conçoit dès lors que cette exception ait pu être employée (3).

Au résumé, la *confessio certæ pecuniæ* a conservé dans

(1) C. 7.54.3.2. Cf. Gaius, 3, 180.

(2) Cf. Lenel, *E. P.*, p. 403-404 : les différents systèmes dans P. Thomas, *Chose jugée*, thèse Toulouse, 1898.

(3) Après les explications qui précèdent l'on peut parfaitement dire avec M. Jobbé-Duval, *Procédure*, p. 149 : « La procédure *in jure* aboutit soit à une *confessio* soit à une *litis contestatio*, soit enfin à la prestation du *jusjurandum in jure delatum* ; quelle que soit son issue, elle produit le même résultat : une nouvelle action échouerait, soit de plein droit, soit grâce à l'insertion dans la formule de l'*exceptio rei in judicium deductæ vel rei judicatæ*. » Cf. ce que nous avons dit sur le serment : plus haut chapitre I, § 1, p. 84, note 1.

la procédure formulaire les effets que la *confessio in jure* produisait d'une façon très générale à l'époque des Actions de la Loi et qui à l'époque nouvelle sont aussi produits par le jugement.

Sans doute elle peut être annulée pour cause d'erreur ; mais quand elle est valable, elle a tous les effets du jugement : son effet extinctif et son effet créateur, sa force exécutoire et sa force juridique, parce que comme lui elle donne naissance à l'*actio judicati*.

Cette *actio* ne peut naître quand la *confessio* ne porte pas sur une somme d'argent et l'on peut prévoir de ce chef, que la *confessio incerti* qui n'a pas force exécutoire n'aura pas non plus force juridique.

CHAPITRE II

LA « CONFESSIO INCERTI ».

Le chapitre XXII de la loi Rubria traite, comme on le sait, de la *confessio* et de l'*indefensio* dans les actions qui portent sur autre chose que la *pecunia certa credita*. Il nous renseigne mal sur les effets de cette *confessio* et de cette *indefensio* qui donnaient lieu à un renvoi de l'affaire à Rome ; mais, par contre, il énumère avec détails les différentes hypothèses d'aveux qu'il prévoit : ces énumérations doivent nous servir à déterminer la nature et la forme de la *confessio incerti*.

§ 1. — Qu'est-ce que la confessio incerti ? Chapitre XXII de la loi Rubria.

Dans un premier passage, le chapitre XXII de la loi Rubria nous parle de celui qui : *confessus erit dixeritve*

I. *eam rem (quæ petetur) se dare facere præstare restituereve oportere aut se debere*,

II. *ejusve eam rem esse aut se eam habere*,

III. *eamve rem de qua arguetur se fecisse obligatumve esse ejus rei noxsiæve esse* ».

Après cette énumération détaillée et précise dans laquelle nous avons pu facilement déterminer trois grands groupes d'hypothèses nous trouvons une énumération résumée et plus confuse dont nous pourrons aussi avoir à tenir compte.

« ... *cui eam rem dari fieri præstari restitui satisve de ea re fieri oportebit* ».

Mais c'est la première de ces deux énumérations que nous devons commenter en détail pour déterminer quelles sont les hypothèses d'actions et d'aveux prévus par la loi Rubria.

I. — La première partie de cette énumération est relative aux actions *in personam* autres que celle qui porte sur la *certa credita pecunia* (1).

La *confessio* « *dare facere præstare oportere* » se rapporte certainement à l'*intentio* des formules *in jus conceptæ*. Seul, l'aveu *se restituere oportere*, peut faire difficulté parce que l'on ne connaît pas de formules dont l'*intentio* ait contenu ces mots. Mais nous croyons que la *confessio* ne reproduisait pas forcément les termes de l'*intentio* : elle n'était pas formaliste et il suffisait que d'une façon ou d'une autre le défendeur fît comprendre qu'il ne contestait pas la prétention consignée dans l'*intentio* pour que l'aveu ait tous ses effets. Ce qui nous le prouve c'est que la loi Rubria elle-même nous dit que le *debere confiteri* pouvait remplacer le *dare facere... oportere confiteri* (2).

(1) *Sic* : Bethmann-Hollweg, *Civilprozess*, II, p. 540. *Contrà, ibid.*, p. 359 ; Kappeyne, *Abh.*, p. 280.

(2) Cf. Demelius, *Conf.*, p. 149, note 3 : Il se demande si le mot

Dans ces conditions, une *confessio se restituere oportere* s'explique très bien dans l'hypothèse où l'on est obligé à la restitution d'une chose, par exemple sur l'*actio fiduciæ* (1), ou peut-être même sur les actions *in factum* nées des contrats réels de bonne foi (2).

Demelius (3) admet au contraire que le *confiteri se restituere oportere debereve* se rapportait dans l'esprit de l'auteur de la loi Rubria aux interdits restitutoires et il

dixerit placé auprès de *confessus erit* dans le chapitre XXII ne vise pas le cas où la *confessio* ne correspond pas mot pour mot à l'*intentio*. Nous ne le croyons pas. Dans le chapitre XXI la *confessio* peut aussi ne pas correspondre mot pour mot à l'*intentio* et cependant le texte ne porte pas *confessus erit dixeritve*. La conclusion est que ce *dixerit* doit plutôt être rapporté aux confessions autres que la *confessio se debere*, peut-être aux *confessiones* dans les actions *in rem* et dans les actions *in factum*.

(1) Voir dans Lenel, *E. P.*, p. 233, la formule *in jus* et la formule *in factum* de cette action : cette dernière porte selon lui les mots *redditum non esse*, de même que la formule *in factum* du dépôt rapportée par Gaius, IV, 47. Cf. Girard, *Manuel*, p. 511. Les formules *in jus* du dépôt du gage et du commodat n'existaient probablement pas à l'époque de la loi Rubria.

(2) Cf. Kappeyne, *Abh.*, p. 280. « Restituere bezieht sich auf das *bonæ fidei judicium* aus Realcontrat. »

(3) *Conf.*, p. 148. Cf. Huschke, *Multa*, p. 71, n. 171 *in fine*. Bethmann-Hollweg, II, p. 359 rattache aussi le *restituere oportere* à la procédure des interdits. A la page 540, il admet au contraire notre opinion. M. Ubbelohde, *Interdits*, I, p. 7 et s., adopte l'opinion de Demelius parce qu'il croit trouver dans le chapitre XXI *in fine* de la loi Rubria, la preuve que les magistrats municipaux en Gaule Cisalpine avaient l'*imperium* (Cf. Lenel, *E. P.*, p. 21). M. Kappeyne, *loc. cit.*, p. 280, trouve une preuve du contraire dans le chapitre XIX. « Das Fragment von C. 19 unterstürzt diese Meinung, da es anscheinend in der Annahme verfasst ist dass zwar der Munizipalmagistrat Aufhebung des Verbots gewähren durfte, die Ausfertigung des Interdicts hingegen eine hœhere Competenz forderte. »

rattache de même le « *se eam rem habere* » que nous trouvons un peu plus loin dans le même texte, aux interdits exhibitoires. Nous objectons immédiatement à cette interprétation qu'avant la délivrance de l'interdit, le défendeur n'est pas précisément obligé à restituer. L'expression *restituere oportere* de la loi Rubria serait donc assez impropre. D'un autre côté l'on reconnaît ordinairement (1) que les magistrats municipaux, qui n'ont pas en principe l'*imperium*, ne sont pas compétents en matière d'interdits et nous ne pouvons sans preuve sérieuse admettre que la loi Rubria faisait exception aux règles générales. Or les arguments que propose Demelius sont très faibles. Il prouve que la loi Rubria a visé les interdits, au moyen du passage suivant du chapi tre XXII (n° 4, II).

Aut si sponsionem fieri oportebit sponsionem non faciet [aut] non restituet.

Pour lui il ne peut être question dans ce texte que de la *sponsio* de la procédure des interdits : et le mot *restituere* n'a pas ici le sens de donner satisfaction au créancier, mais celui de demander un arbitre. Le texte viserait donc la *postulatio arbitri* qui, quand elle intervient « *antequam ex jure exeat* », permet au défendeur d'échapper à la procédure périlleuse des *sponsiones*. Demelius s'appuie sur un texte de Cicéron (*Pro Tullio*, c. 53).

(1) Girard, *Manuel*, p. 1021, n° 7, *Contrà*, Jobbé-Duval. *Procédure*, p. 212-214 et les autorités citées, notamment Ubbelohde, *Interdits*, t. I, p. 17, t. II, p. 357.

« *Et ego ipse, tecto illo disturbato, si hodie postulem, quod vi aut clam factum sit, tu aut per arbitrum restituas aut sponsione condemneris necesse est.* »

Mais la traduction du mot *restituere* proposée par Demelius nous semble aussi impossible pour ce texte que pour la loi Rubria elle-même ; comme le dit très bien M. Lenel (1) : « On peut bien rendre une chose *per arbitrum,* mais demander un arbitre n'est pas la même chose que restituer », et il est inutile de démontrer que le mot *restituas* (2) n'est pas identique à la phrase : « *arbitrum postules ut ejus arbitrio restituas* ».

Le mot *restituere* dans le passage invoqué par Demelius a forcément le sens de « rendre une chose » qu'il a d'ailleurs dans deux autres passages du même chapitre et particulièrement dans l'énumération résumée des cas de *confessio* dont nous parlions en commençant (3).

D'autre part, il n'est pas du tout certain que la *sponsio*, dont il est fait mention au chapitre XXII, soit une *sponsio* interdictale.

M. Kappeyne van de Copello (4) a cru trouver dans le passage sur lequel s'appuie Demelius la preuve de l'existence de la *sponsio* dans la *condictio triticaria* ; mais son opinion a été réfutée de divers côtés et il est inutile d'y insister.

(1) *E. P.*, p. 357, n° 4.

(2) Cf. Valerius Probus, *Extraits d'Einsiedeln*, 70. Girard, *Textes*, p. 174. Jg. ce que dit à ce sujet Lenel, *loc. cit.*, p. 357 et 358.

(3) « Quoi eam rem restitui oportebit. »

(4) *Abh.*, p. 280 et s. Cf. Geouffre de Lapradelle, *Serment*, p. 79.

M. Baron (1) prétend qu'il s'agit dans notre passage de la *cautio judicatum solvi* ; mais on peut objecter que la *cautio judicatum solvi* était une *satisdatio* et que l'on ne comprendrait pas que la loi Rubria eût employé pour la désigner le mot *spondere* au lieu du mot *satisdare* (2).

Selon nous, le passage devient très clair si on l'applique aux actions *in rem per sponsionem*. Le cas prévu serait celui où, cette procédure ayant été choisie, le défendeur ne peut pas faire la *sponsio* et ne restitue pas la chose.

Dans ces conditions, il ne reste rien de l'argumentation de Demelius. Remarquons, en tout cas, que la conclusion qu'il en tire est fausse : si l'on admettait son interprétation du passage « *sponsionem non faciet aut non restituet* », on ne pourrait logiquement en conclure que les mots *restituere oportere et se eam rem habere* du début du texte sont relatifs à la *confessio* faite sur la *postulatio interdicti*. Les *sponsiones* et l'*actio arbitraria* ne naissent qu'après la délivrance de l'interdit, *post interdictum redditum*. Si la loi Rubria parle de l'*indefensio* après l'interdit, c'est aussi de la *confessio* intervenant après cet interdit qu'elle doit faire mention : la *restituere oportere* viserait donc la *confessio* se produisant sur l'action née de l'interdit.

Cette solution serait déjà plus satisfaisante que celle de Demelius, mais nous préférons l'interprétation que

(1) *Condictionen*, p. 107.

(2) Dans le chapitre XX de la loi Rubria, on trouve le mot *satisdare* couramment employé en matière de *damnum infectum*.

nous avons proposée du *restituere oportere confiteri,* parce qu'il nous paraît inadmissible que les magistrats municipaux, incompétents pour rendre les interdits, aient pu connaître des actions qui les sanctionnent et, particulièrement, de la *formula arbitraria* qui doit être demandée au magistrat qui a délivré l'interdit avant la fin de l'instance *in jure*, « *antequam ex jure exeat* » (1).

II. La *confessio ejus eam rem esse* se réfère évidemment aux actions *in rem.* Mais a-t-on le droit de voir avec Bethmann-Hollweg (2) dans la *confessio se eam rem habere* la déclaration que l'on est possesseur de la chose revendiquée ?

Demelius (3) fait très justement remarquer qui si cette interprétation était exacte, le texte devrait porter *ejusve eam esse et se eam habere*, et non pas *aut se eam habere.* L'aveu de la possession de la chose sans reconnaissance du droit de propriété du demandeur ne serait pas une *confessio in jure* dans le sens que le chapitre XXII donne à ce terme.

Mais, pour les mêmes motifs que plus haut, nous ne pouvons admettre qu'il s'agit dans la *confessio eam rem habere*, de ces interdits dans lesquels l'obligation du défendeur dépend d'un *habere*, d'un *possidere* ou d'un *penes eum esse* (4).

(1) Gaius, 3, 163, 164.
(2) *Civilprozess*, II, p. 540, n. 6.
(3) *Conf.*, p. 149 et n. 4.
(4) Demelius, *Conf.*, p. 150, n. 1, 2, 3. Notons que l'explication qu'il propose fait en partie double emploi avec celle qu'il donne du *res-*

Selon nous la loi Rubria fait ici allusion à l'*actio ad exhibendum* (1). Nous croyons en effet avec M. Lenel (2) que la possession du défendeur figurait dans la formule comme une condition à laquelle était soumise la condamnation et l'on peut parfaitement admettre que la *confessio se eam rem habere* intervenant sur l'*actio ad exhibendum* exprimait très suffisamment l'intention du défendeur de ne pas contester le droit du demandeur à l'exhibition de la chose.

III. Enfin les mots : *eam rem de qua arguetur se fecisse obligatumve se ejus rei noxsiæve esse*, doivent être rapportés tout naturellement aux actions sanctionnant les obligations délictuelles.

Dans les mots *eam rem... se fecisse*, la loi vise la *confessio* se produisant sur une action *in factum ex delicto* (3).

Quant aux mots *obligatumve ejus rei noxsiæve*, ils visent certainement l'action noxale, et l'on a pu à bon droit se servir de ce passage de la loi Rubria pour

tituere oportere confiteri. Dans la formule de certains interdits où le défenseur est obligé par là même qu'il possède (interdits *quem fundum, quorum bonorum, de precario*) se trouve le mot *restituas*, et la *confessio* sur ces interdits devrait, d'après Demelius lui-même, porter sur *restituere oportere*. Son explication du *se eam rem habere*, devrait donc être restreinte au cas de l'interdit *de tabulis exhibendis* où le préteur ordonne d'exhiber. Elle perd ainsi toute vraisemblance. Ajoutons enfin que si la loi Rubria avait visé les interdits, elle aurait parlé d'un *confiteri se exhibere oportere* à côté du *se restituere oportere*.

(1) *Sic* : Kappeyne, *Abh.*, p. 280.

(2) Lenel, *E. P.*, p. 175 et s. Cf. Demelius, *Exhibitionspflicht*, p. 15 et s., qui admet que l'*actio ad exhibendum* n'avait pas d'*intentio*. *Contrà*, Karlowa, *R. R. G.*, p. 450.

(3) *Sic*, Demelius, *Conf.*, p. 150.

établir la formule alternative de cette action (1).

Quamobrem Nm Nm A° A° aut noxam sarcire aut in noxiam dedere oportet (2).

Si maintenant, nous récapitulons toute la série des *confessiones* prévues par le chapitre XXII de la loi Rubria, nous verrons qu'elles ont toutes pour caractères communs :

1° D'être des *confessiones in jure*. — Dans tous les cas énumérés, le défendeur reconnaît le droit du demandeur, acquiesce à sa prétention et renonce par là même à exercer son droit de défense. La loi Rubria, dans le système de la triple division que nous avons adopté, ne prévoit pas en effet que la *confessio* puisse être suivie de l'acceptation du *judicium*.

2° D'être des *confessiones incerti*. — Toutes les actions prévues par le chapitre XXII, que leur *intentio* soit d'ailleurs *certa* ou *incerta*, ne sanctionnent pas des créances de sommes d'argent. Le texte ne suppose pas d'autre part qu'un accord sur le taux des dommages-intérêts soit intervenu entre les parties. La *confessio in jure* dans le chapitre XXII ne porte donc pas sur une dette liquidée en argent comme la *confessio* qui faisait l'objet du chapitre XXI ; et l'on conçoit qu'elle ait d'autres effets.

La loi Rubria décide que l'*indefensus* et le *confessus incerti* qui ne donnent pas satisfaction seront renvoyés à Rome et que là, le préteur procédera à la *missio in*

(1) Cf. Girard, NRH., 87, p. 446 ; Lenel, *E. P.*, p. 154, 156.
(2) Voir *ibid.* et D. 9,1,1,11.

possessionem et à la *duci jussio* comme si la *confessio* et l'*indefensio* s'étaient produites à Rome.

Prætorque... in eum... de eis rebus omnibus ita jus deicito decernito eosque duci bona eorum possideri proscribeive veneireque jubeto ac sei is heresve ejus de ea re in jure apud prætorem... confessus esset.

Or, il est bien certain qu'après la *confessio incerti* l'exécution ne peut pas intervenir immédiatement, puisque le droit n'est pas liquidé en argent. L'*actio judicati* est impossible, et pour arriver à la *duci jussio*, il faudra de toute nécessité que l'on organise une procédure intermédiaire.

La loi Rubria ne nous dit pas quelle sera cette procédure et elle ne nous explique pas pourquoi cette procédure est soustraite à la compétence des magistrats municipaux.

A la vérité ces deux questions n'en font qu'une, parce que la solution de la seconde dépend de la réponse que l'on fera à la première.

Nous rechercherons d'après les sources de l'époque classique comment l'*indefensus* et le *confessus incerti* étaient traités à Rome ; et, si les caractères particuliers de la procédure suivie contre eux nous fournissent une explication certaine du renvoi opéré par le chapitre XXII de la loi Rubria, nous serons en droit de conclure que la procédure de l'époque classique était déjà en vigueur aux débuts de l'époque formulaire.

§ 2. — Les effets de la confessio incerti.

Il convient, pour étudier les effets de la *confessio incerti*, de distinguer entre les actions *in rem* et les actions *in personam* et de mettre à part la procédure des interdits qui n'ont pas été, selon nous, prévus par la loi Rubria.

I. — *La confessio incerti dans les actions in personam.*

Nous avons admis qu'à l'époque des *legis actiones*, la *confessio incerti* avait force juridique et conduisait à l'exécution après *litis æstimatio* sans qu'on organisât l'instance ordinaire sur le *sacramentum* (1). Il eût, en effet, été injuste et inutile de forcer le débiteur qui a fait une *incerti confessio* à déposer et à perdre le *sacramentum* pour arriver à faire reconnaître par un juge un droit qui n'était pas contesté. N'était-il pas plus simple d'organiser immédiatement contre ce *confessus* une *litis æstimatio* comme on le faisait vis-à-vis du *judicatus* dont la dette n'était pas liquide.

Mais nous ne sommes aucunement forcé d'admettre, pour la période formulaire, la même solution que pour le temps des *legis actiones*, car les raisons de décider ne sont plus les mêmes.

Dans le système formulaire, il n'y a pas en principe d'amende de procédure édictée contre le défendeur

(1) Cf. *suprà*, *Introduction*, § 3, p. 30-31.

condamné, et en règle générale il sera indifférent pour le *confessus incerti*, qu'on organise vis-à-vis de lui une procédure spéciale, la *litis æstimatio*, ou le *judicium* ordinaire. Ce dernier ne serait d'ailleurs pas inutile comme l'aurait été à l'époque précédente une instance sur le *sacramentum*. Car après la *confessio incerti*, il faut, pour que le demandeur puisse arriver à l'exécution, que son droit soit liquidé, et l'estimation en argent est précisément une des tâches confiées au juge par la formule.

Rien ne s'oppose donc à ce qu'on ait, d'une façon générale, organisé contre le *confessus incerti* le *judicium* ordinaire dans lequel le juge connaît à la fois de la question d'estimation et de la question de droit.

L'on peut donc se demander si la procédure de *litis æstimatio* qui a cessé d'exister à l'époque formulaire comme institution accessoire et complémentaire des jugements, s'est maintenue dans les hypothèses de *confessio incerti*.

Une première raison d'en douter, c'est qu'une procédure portant seulement sur la liquidation n'aurait pas pu s'appliquer dans toutes les hypothèses de *confessio incerti* (1).

Dans les actions de bonne foi, par exemple, qui portent sur *quidquid ex bona fide dare facere oportet* la question de droit et la question de liquidation sont liées d'une façon indissoluble, et il est impossible de conce-

(1) Cf. Demelius, p. 120-124, 197-199.

voir une formule (1) qui donnerait au juge le pouvoir de faire l'estimation, sans lui donner implicitement mission de statuer sur la question d'obligation.

Dans ces actions, en effet, l'*intentio* résume sous une forme très vague et compréhensive tout un ensemble de prétentions que le demandeur peut fort bien ne pas préciser *in jure*. Si sur l'action *pro socio*, par exemple, le défendeur se reconnaît obligé en vertu du contrat de société à faire une prestation déterminée, telle que son apport social, il n'y a pas à proprement parler *confessio in jure*, c'est-à-dire soumission absolue à la prétention du demandeur.

La question de droit n'est pas tranchée entre les parties et une discussion peut encore s'élever sur d'autres points, par exemple, sur une question de partage de béfices ou de reddition de comptes.

Le juge ne peut donc pas être saisi uniquement de la question d'estimation et le magistrat délivrera la formule ordinaire qui lui confère le droit de statuer sur le fond (2).

(1) Voir dans Demelius, p. 198, diverses tentatives de construire une formule *confessoria* qui ne pouvaient réussir et que nous avons jugé inutile de reproduire.

(2) Cf. Demelius, p. 123. — La *confessio* a seulement mis un point hors de doute : c'est l'existence du contrat de société. Il semble bien inutile de mettre ce point de côté pour le soustraire à l'appréciation du juge. Le principe est que toutes les fois que le juge doit prononcer sur le droit, l'affaire doit lui être soumise dans son ensemble. Les Romains ont appliqué ce principe très strictement. Dans l'hypothèse où, par exemple, le défendeur à l'*actio certæ creditæ pecuniæ* reconnaît le contenu de l'*intentio*, mais réclame l'insertion

Si le défendeur, comme le suppose la loi Rubria, reconnaît devoir la *rem quæ petetur*, c'est-à-dire le *quidquid dare facere ex fide bonâ oportet*, la question de droit n'est pas tranchée davantage. Il reste à déterminer ce qu'il faut entendre par ce *quidquid*; car le demandeur et le défendeur peuvent l'entendre de diverses manières. Il y a place à une discussion juridique et non pas seulement à la liquidation en argent d'un rapport de droit rendu certain par la *confessio* comme par un jugement.

Ici encore, la délivrance du *judicium* ordinaire s'impose et nous pouvons dire, sans plus insister, que la *litis æstimatio* est impossible en matière d'actions de bonne foi.

Or la loi Rubria ne distingue pas entre les actions de bonne foi et les actions de droit strict, pas plus qu'entre les actions *in jus* et *in factum*.

Elle indique pour toutes la même marche à suivre. Il serait dès lors bien surprenant qu'on pût, dans certaines actions, organiser contre le *confessus* et l'*indefensus* une procédure de *litis æstimatio* impossible dans d'autres (1).

dans la formule d'une exception tirée par exemple du *pactum de non petendo*, ce n'est pas seulement l'exception qui est soumise au juge : c'est aussi la prétention du demandeur et la formule ne porte pas trace de l'aveu. L'on ne comprendrait pas pourquoi les Romains auraient opéré, dans le cas de la *confessio incerti* qui nous occupe, une disjonction des divers éléments de l'instance qu'ils évitaient en toute autre matière.

(1) Nous ne reproduisons pas ici un argument auquel Demelius semble attacher une grande valeur et qui nous a paru en manquer

Si nous arrivons aux textes de l'époque classique, nous verrons en effet, tout d'abord, que quand un *judicium* était organisée contre l'*indefensus*, c'était le *judicium* ordinaire et non plus une *litis æstimatio* comme à l'époque des Actions de la Loi.

Le préteur procède contre le débiteur *indefensus* par voie de *missio inpossessionem*; cette procédure a pour but de contraindre le débiteur à payer ou à accepter de se défendre; s'il ne fait ni l'un ni l'autre, ses biens seront vendus en masse et l'acquéreur paiera à sa place, à moins qu'il ne préfère défendre à l'*actio* sur laquelle s'est produite l'*indefensio* (1).

La question de droit n'est donc pas tranchée par le fait de l'*indefensio in jure*, comme elle l'était à l'époque des *legis actiones* : on ne procède pas à la *litis æstimatio* mais le défendeur est contraint par des moyens indirects mais très puissants à accepter le *judicium* : il n'y a donc pas chose jugée contre lui.

L'*indefensus* en ce sens n'est donc pas *pro judicato* et, par là même, nous sommes conduits à penser que l'*in*-

complètement. V. *Conf.*, p. 161 et 166. Le renvoi de la loi Rubria serait pour lui inexplicable, si une procédure de *litis æstimatio* avait été organisée contre le *confessus*. « Le *confessus*, dit-il, n'aurait eu aucune raison de refuser son concours à une telle instance. » Nous croyons au contraire qu'il en aurait eu davantage que si l'on avait délivré contre lui le *judicium* ordinaire, comme nous l'admettons. En effet, son aveu aurait été irrévocable dans le premier système, il ne l'est pas dans le second.

(1) Girard, *Manuel*, p. 1017 et Dernburg, *Ueber die Emtio Bonorum* (p. 13-32) auquel il renvoie (passage cité plus haut, chap. prél., p. 54, n. 2).

certi confessus, mis pour ainsi dire sur le même pied que l'*indefensus* dans les chapitres XXI et XXII de la loi Rubria et dans l'Edit du Préteur (1), ne l'était pas non plus.

C'est bien en effet, ce qui ressort du texte fondamental d'Ulpien (2) que nous avons reproduit au début de cette étude : *Certum confessus pro judicato erit, incertum non erit. Si quis incertum confiteatur, urgueri debet ut certum confiteatur.*

De cette opposition établie entre le *certum confessus* et l'*incertum confessus* ressort nettement qu'à la différence de la *confessio certi*, la *confessio incerti* ne rend le droit ni certain ni exécutoire (3).

Reste à savoir ce qu'entendre par l'*urgueri* auquel était soumis l'*incerti confessus*. Il ne peut, bien entendu, être question de contrainte directe exercée par les voies administratives (*multis et pignoribus*). L'on sait assez que le préteur ne se sert pas en principe de ces moyens dans l'*ordo judiciorum privatorum* (4). Dès lors la solution s'impose, l'*urgueri* ici encore proviendra de la *missio in possessionem*.

(1) Lenel, *E. P.*, p. 332.

(2) D. 42, 2, 6.

(3) Cf. plus loin, chapitre complémentaire : autre argument pour prouver que l'*incerti confessio* ne rend pas le droit certain, à tirer du § 2 du même texte : la revendication dans laquelle à l'époque d'Ulpien la *confessio* est suivie d'une simple *litis æstimatio*, est signalée comme une exception au principe posé par le pr. et le § 1, *incertum non erit pro judicato*.

(4) Cf. Pernice, *Festgabe für Beseler*, p. 51-78, ZSS., 5, 1884, p. 29-30 ; Girard, *Manuel*, p. 1034 et s.

Le *confessus incerti* était donc traité, à l'époque classique, comme l'*indefensus* en cas d'*incertum*.

En matière de *certa pecunia*, la loi Rubria décidait que l'*indefensus*, comme le *confessus* serait *pro judicato*, parce que dans un certain sens l'on peut dire que l'*indefensus* est un *confessus* : si l'on ne se défend pas, c'est qu'apparemment l'on croit au bien fondé de la prétention du demandeur.

De même l'*incerti confessio* est traitée comme l'*indefensio* parce que, dans l'hypothèse d'un *incertum*, le *confessus* est, par la force des choses, un *indefensus*. L'on se souvient qu'à l'époque des *legis actiones*, la *confessio* impliquait l'abandon du droit de défense (1) et il est bien évident que, de même, dans la procédure formulaire, le défendeur qui a fait *confessio incerti* et qui refuse de payer ou de donner satisfaction au demandeur n'a pas l'intention d'accepter la formule. Son aveu n'est pas l'acte d'un débiteur de bonne foi qui, reconnaissant sa dette, renonce à plaider : elle est l'acte d'un insolvable qui renonce à se défendre et qui ne donnera pas son concours à l'organisation de l'instance sans y être contraint.

Au point de vue du demandeur son attitude est la même que celle de celui qui se cache ou de celui qui ayant d'abord nié la prétention du demandeur refuse d'accepter la formule (2). Il est *indefensus* comme eux,

(1) Cf. Introduction, § 1 et 2, *passim*.

(2) Cf. D. 50, 17, 52, Ulpien, *Liv. 44 ad ed.* (*de edicto fabiano*) ; Le-

et, comme eux, il sera soumis à la *missio in possessionem*. S'il ne paie pas ou s'il ne fait pas une *certi confessio*, tous ses biens seront saisis et vendus. Mais comme il n'est pas *pro judicato*, qu'autrement dit, le droit du demandeur n'est ni certain ni exécutoire vis-à-vis de lui, il pourra jusqu'à la vente, reprendre la défense à laquelle il a primitivement renoncé. Après la vente, l'acquéreur, l'*emptor bonorum*, pourra encore défendre à l'action du créancier au lieu de payer.

Que ce soit le débiteur ou l'*emptor* qui accepte ainsi de plaider, la formule délivrée sera la même que dans les cas où il n'y a eu ni *indefensio* ni *confessio*. Le défendeur pourra rétracter, atténuer ou expliquer son aveu et il pourra nier le droit du demandeur sans être lié par les explications fournies antérieurement *in jure* ; le juge, saisi par la formule de la question de droit et de la question d'estimation, tiendra le compte qu'il voudra de la *confessio incerti* et de sa rétractation et, suivant les cas, absoudra le défendeur, ou rendra contre lui une condamnation pécuniaire sanctionnée par l'*actio judicati*.

A partir du jour où la *certi confessio* eut, en toute matière, force exécutoire (1), il est à croire qu'on arri-

nel, *Palingenesia*, n° 1164. *Non defenderev idetur non tantum qui latitat sed et is qui præsens negat se defendere aut non vult suscipere actionem.* — Le *is qui negat se defendere* est à notre avis un *confessus*. Rapprocher D. 38,5,1,7.

(1) Voir plus haut, chap. I, § 1, p. 88 et la note.

vait dans la majorité des cas à l'exécution de l'*incerti confessus* sans que le *judicium* fût organisé.

Ulpien (1) nous dit que l'*urgueri* avait pour but de décider l'*incerti confessus* à faire une *certi confessio* ; et voici en effet ce qui devait se passer en pratique.

Après *confessio incerti*, le demandeur pressé d'arriver à une solution était porté à modérer le chiffre de ses prétentions. Le débiteur lui-même, menacé de la vente de tous ses biens, avait avantage à s'incliner devant des exigences raisonnables plutôt que d'accepter une discussion judiciaire où, en règle générale, il lui eût été difficile de triompher. Un accord devait dès lors intervenir entre les plaideurs, c'est-à-dire une *certi confessio*.

L'exécution était ainsi rendue possible et l'on arrivait ainsi et plus rapidement, au même résultat que par le jugement.

Si l'on se reporte maintenant au texte de la loi Rubria, l'on verra que les solutions de l'époque classique en matière d'*indefensio* et de *confessio incerti*, expliquent certaines particularités du chapitre XXII et se concilient parfaitement avec ses dispositions.

Ce chapitre renvoie à Rome l'*indefensus* et le *confessus incerti* parce que le premier acte de la procédure à suivre contre eux est la *missio in possessionem*, et que les magistrats municipaux ne disposent pas de ce moyen

(1) *Loc. cit.*, D. 42,2,6.

de contrainte. A Rome il y aura lieu à *jus dicere*, si le *confessus* et l'*indefensus* acceptent le *judicium* pour échapper à la vente de leur patrimoine ; et, dans ce cas la *duci jussio* pourra intervenir après le jugement de condamnation. Contre celui qui ne paie ni ne défend le préteur procédera au *bona possideri proscribive venireque jubere*.

D'autre part, l'assimilation que nous avons établie entre le *confessus* et l'*indefensus*, permettra peut-être d'expliquer pourquoi la loi Rubria ne vise pas l'hypothèse où le défendeur, tout en reconnaissant le bien fondé de la prétention de l'adversaire, veut cependant accepter la formule, parce qu'il n'est pas d'accord avec lui sur le montant de l'indemnité à payer.

Un tel aveu impliquerait contestation de la prétention du demandeur et ne serait pas, à proprement parler, une *confessio in jure*. Nous ne doutons pas que dans cette hypothèse les magistrats municipaux pouvaient organiser l'instance et qu'il n'y avait pas lieu à renvoi de l'affaire à Rome.

L'on peut encore entrevoir la raison pour laquelle la loi Rubria n'a pas prévu la *confessio certi*, se produisant sur une *actio incerti*. Si l'*incerti confessus* doit être contraint pour faire une *certi confessio*, une telle *confessio* ne devait pas se produire en pratique devant les magistrats municipaux qui ne disposaient pas du moyen de contrainte employé en pareil cas, la *missio in possessionem*. D autre part, le *confessus incerti* devait être d'autant moins porté à faire une *certi confessio* et à s'engager à payer une somme d'argent qu'un tel engagement non tenu l'exposait à l'exécution sur la personne et qu'au contraire l'*indefensio* ne pouvait conduire qu'à l'exécution sur les biens.

Le chapitre XXII de la loi Rubria s'explique donc parfaitement dans le système de l'époque classique. Nous sommes dès lors en droit de conclure que, dès l'époque de la loi Rubria, l'*incerti confessus* était traité comme à l'époque classique : en un mot qu'on le traitait comme l'*indefensus*.

Nous croyons d'ailleurs qu'il en a toujours été ainsi en principe dans la procédure formulaire.

Nous avons montré en effet, au début de ce paragraphe, qu'il était impossible dans ce système, d'organiser en matière d'actions de bonne foi une procédure de *litis æstimatio*. Beaucoup d'auteurs ont cru cependant sur la foi de la loi 6 *de confessis*, que l'*oratio divi Marci* avait, en toutes matières, organisé cette procédure contre l'*incerti confessus*. Mais nous montrerons que ce texte, avant d'être interpolé, se contentait d'étendre à toutes les actions arbitraires une procédure qui fonctionnait déjà dans la revendication.

II. — *La confessio dans les actions « in rem »*.

L'on se souvient qu'à l'époque des Actions de la Loi, la *confessio in jure* en matière d'actions réelles rendait le droit certain et conduisait après l'*addictio prætoris* à une exécution en nature.

Il est à croire qu'elle a perdu cette force exécutoire et cette force juridique dans la procédure formulaire. Le chapitre XXII de la loi Rubria n'établit aucune distinction entre la *confessio rem actoris esse* et les autres cas de *confessio incerti* et il semble bien par là même qu'on lui appliquait les principes que nous avons dégagés en matière personnelle. Toutefois, par la force même des choses et à raison des caractères propres de l'*actio in rem*, ces principes devaient conduire ici à des règles spéciales.

Sur l'action *in rem*, l'*indefensus* n'est pas soumis comme en matière personnelle à la *missio in possessionem*. L'action réelle porte sur la chose (1) non sur la personne et celui que l'on provoque au procès réel, n'est pas tenu d'accepter la formule : en abandonnant la chose, il échappe complètement, en principe, à l'action du propriétaire.

Si l'*indefensus* ne fait pas cet abandon volontairement, le préteur lui en intimera l'ordre.

En matière mobilière, cet ordre est absolu (*rem ab actore duci vel ferri jubere*) (2).

En matière immobilière, il est conditionnel et prend la forme d'un interdit restitutoire tel que l'interdit *quem*

(1) Cf. Pauly-Wissova, *Realencyclopœdie*, V° *Actiones in rem* (article de M. Wlassak).

(2) D. 2, 3, 1. Cf. Lenel, *E. P.*, p. 106.

fundum (1) et c'est seulement dans l'hypothèse où le défendeur n'obéit pas à cet interdit ou refuse d'y défendre qu'on procédera contre lui par voie de *missio in possessionem*.

Si nous appliquons ces règles à la *confessio*, nous nous expliquerons parfaitement les dispositions du chapitre XXII de la loi Rubria en ce qui concerne les actions *in rem*. L'interdit *quem fundum* et le *rem duci jubere* ne rentrent pas dans la compétence des magistrats municipaux et le renvoi de l'affaire à Rome s'imposait. Les mots *jus dicito decernito* de la fin du texte visent très probablement notre hypothèse. Telle est en effet l'expression propre pour désigner l'acte du préteur qui rend l'interdit ou qui donne l'ordre de *ducere vel ferre rem* (2

Cette intervention du préteur peut faire songer à

(1) Voir formule dans Lenel, *E. P.*, p. 381.

(2) Autrement Demelius, *Conf.*, p. 155. Il est obligé de donner du renvoi de l'affaire à Rome en matière d'*actio in rem* une explication un peu différente de la nôtre, par là même qu'il admet que les magistrats municipaux de la Gaule Cisalpine étaient compétents pour rendre un interdit. Il fait intervenir l'idée que le *confessus* refusera de défendre à l'interdit et que, par conséquent, il faudra procéder contre lui par voie de *missio in possessionem*. Cette idée ne semble pas avoir été prévue dans le chapitre XXII de la loi Rubria (système de la triple division) et notre explication nous paraît mieux s'accorder avec le texte. « D'autre part, dit-il, il y a des cas où le *vindicans* n'est pas satisfait par le transfert de la possession et alors il faudra procéder immédiatement à la *missio* contre l'*indefensus* à l'*actio in rem.* » Nous croyons au contraire, qu'à l'époque à laquelle nous nous plaçons, le défendeur à la revendication échappe à toute obligation en abandonnant la chose (Voir au texte et Wlassak, *loc. cit.*, *suprà*, p. 134, n. 1).

l'*addictio rei* de l'époque précédente et il est très vraisemblable qu'elle doit s'y rattacher historiquement. Mais, au point de vue juridique, il faut bien remarquer qu'à l'époque formulaire, la situation de droit n'est pas fixée définitivement entre le *confessus* et l'*actor* comme elle l'était à l'époque des Actions de la Loi après l'*addictio prætoris*. Dans l'ancienne procédure, le *confessus rem actoris esse* pouvait, il est vrai, revendiquer la chose qu'il avait perdue par suite de son aveu, puisqu'à cette époque le magistrat ne pouvait, à notre avis, refuser l'action et qu'aussi bien on ne pouvait opposer au *confessus* la règle : « *bis de eadem re ne sit actio* ».

Mais il ne pouvait faire triompher sa prétention devant le juge et reprendre sa chose. L'affirmation solennelle faite de son droit par le demandeur au premier procès, l'a rendu définitivement propriétaire et ne peut être infirmée par une preuve postérieure de l'erreur (1).

Au début de l'époque formulaire, la *confessio* comme l'*indefensio* conduit à faire attribuer la possession au demandeur à l'action réelle. Mais le *confessus rem actoris esse* n'est pas *pro judicato* aux termes de la loi Rubria et la question de propriété n'est pas tranchée entre lui et l'*actor*.

Le *confessus in jure* qui a perdu la possession pourra par la suite reprendre l'offensive vis-à-vis du demandeur au premier procès, sans que celui-ci puisse lui opposer

(1) Cf. *suprà*, introduction, § 3.

l'*exceptio rei judicatæ vel in judicium deductæ*, puisqu'il n'y a eu ni *litis contestatio*, ni jugement après l'aveu fait antérieurement devant le préteur (1).

Mais — et c'est ici qu'apparaît la nouveauté — rien ne s'oppose en principe à ce que le *confessus* ne triomphe *in judicio* de son adversaire. Le juge, saisi par la *formula petitoria* ordinaire, appréciera librement la question de droit entre les parties et tiendra le compte que bon lui semblera de l'*indefensio* et de la *confessio* intervenues antérieurement *in jure* et des explications ou rétractations postérieures. Il pourra donc prononcer en faveur du *confessus*, si celui-ci réussit à faire la preuve de sa propriété. Cette preuve lui sera rendue, en fait, particulièrement difficile par suite de son aveu ; mais on conçoit qu'il réussisse à l'établir quand la *confessio* a été faite par erreur. Il n'y a d'ailleurs pas lieu de distinguer ici comme en matière de *confessio certi*, entre l'erreur de fait et l'erreur de droit (2).

Si maintenant nous passons à l'époque classique nous trouvons dans le texte d'Ulpien (*de omnibus tribunali-*

(1) Remarquons qu'aux débuts de l'époque formulaire, il en était de même du défendeur au procès réel qui n'a pas fait *confessio* et qui a été condamné. Le défendeur à l'action réelle dans la procédure formulaire ne déduit pas son droit en justice, et la *res judicata* ne peut pas au début de cette période lui être opposée. Ce n'est en effet qu'à l'époque classique que l'*exceptio rei judicatæ* a fonctionné contre le défendeur au procès réel condamné, dans ce qu'on a appelé, assez improprement selon nous, sa fonction positive. Cf. *suprà*, chapitre I, § 3, II.

(2) Demelius, *Conf.*, p. 228 et n. 1.

bus) (1) une réglementation toute différente de la *confessio rem actoris esse*.

Après avoir posé le principe que, seul le *certi confessus* est *pro judicato*, et que contre l'*incerti confessus* il y a lieu à l'*urgueri ut certum confiteatur*, le jurisconsulte passe à l'hypothèse de la revendication, qu'il présente comme une exception aux règles de la *confessio incerti* :

Sed et si fundum vindicem meum esse tuque confessus sis perinde habeberis atque si dominii mei fundum esse pronuntiatum esset.

La suite du texte fait allusion à l'*oratio divi Marci* et procède, dans des termes embarrassés, à une généralisation absolue de la règle *confessus pro judicato*. Nous avons réservé pour plus tard l'explication de cette partie du texte, mais nous devons faire remarquer dès maintenant que c'est sans se baser (2) sur l'*oratio divi Marci* et avec une assurance complète, qu'Ulpien décide que le *confessus rem actoris esse* sera traité comme si le juge avait « prononcé » en faveur du demandeur. Pour s'expliquer cette exception aux règles de la *confessio incerti* et en préciser la portée, il suffit de se rappeler les règles des actions arbitraires.

Dans ces actions, le juge commence par statuer sur la question de droit (*pronuntiatio*) (3) ; et quand il a re-

(1) D. 42, 2, 6, § 2.

(2) En sens inverse Wetzell, *Vindicationsprozess*, p. 66, sans preuve.

(3) Cf. Bethmann-Hollweg, *Civilprozess*, II, p. 240, n. 9.

connu dans cette première sentence que le demandeur est bien propriétaire, il invite le défendeur à rendre la chose dans des conditions déterminées (*arbitrium*).

Le défendeur qui restitue échappe à la condamnation; mais s'il refuse de restituer, le juge procédera à une *litis æstimatio*. Le serment du demandeur lui servira à fixer la valeur en argent de la chose revendiquée et il prononcera une condamnation pécuniaire dont le paiement est assuré au demandeur au moyen de la *cautio judicatum solvi* (1).

Le sens de la loi 6 *de confessis* § 2 apparaît maintenant très clairement. Le *confessus* sur l'*actio in rem*, se trouvant dans la même situation que si le juge avait prononcé *secundum actorem*, ne peut plus contester le droit du demandeur (2). Il peut pour échapper à la condamnation restituer la chose, et s'il la restitue, il ne pourra plus la revendiquer de la personne à laquelle il l'aura remise, sans se voir opposer, à l'époque d'Ulpien, l'*exceptio rei judicatæ* (3).

(1) Cf. Girard, *Manuel*, p. 337, 991-993.

(2) C'est la *confessio* elle-même et non pas la délivrance de l'*actio confessoria* conduisant à la *litis æstimatio*, le cas échéant, qui met hors de doute le droit du demandeur ; en sens inverse : Braçkenhöft, *Archiv für civ. Prax.*, XX, p. 248 et Bethmann-Hollweg, *Civilprozess*, II, p. 549. Comp. Ubbelohde, *Interdicten*, II, p. 27-28, qui admet qu'après la *confessio*, le magistrat nommait un arbitre et que c'était cet arbitre qui rendait l'ordre de restituer.

(3) Il est possible que le *confessus* ait pu opposer à cette exception une réplique au cas où la *confessio* était erronée en fait. Cf. L. 2 *de confessis* et *suprà*, chap. I, § 3, II.

S'il ne restitue pas dans le délai qui lui a été imparti par le préteur, celui-ci organisera contre lui un *judicium rei æstimandæ* : « *et si non restituatur, lis æstimabitur* », dit la loi 6, § 2 *in fine*.

En matière réelle, la *confessio incerti* à l'époque classique est donc *finis controversiæ*. Elle met obstacle à la délivrance de la formule ordinaire dans laquelle le juge est appelé à statuer sur le fond du droit. Elle donne seulement lieu à une *litis æstimatio* (1).

L'on s'explique d'ailleurs parfaitement que les Romains aient abandonné en matière de revendication les règles ordinaires de la *confessio incerti* qui n'a en principe ni force juridique ni force exécutoire. La *rei vindi-*

(1) M. Demelius, p. 180, admet avec Savigny que la formule délivrée contre le *confessus* qui n'a pas restitué conformément à l'*arbitrium* portera : « Quod Ns Ns in jure confessus est fundum Cornelianum Ae Ae esse, nisi eum fundum Ns Ns Ao Ao arbitratu tuo restituet quanti ea res erit etc... » Nous objectons à cette rédaction que la loi 6 *de confessis* ne semble pas supposer que le *confessus* pourra encore restituer dans l'instance en liquidation. M. Ubbelohde (*loc. cit.*, p. 27-28) comprend les choses d'une façon toute différente. Pour lui, le magistrat après la *confessio* délivrera une *formula arbitraria* saisissant un arbitre. Celui-ci donnera l'ordre de restituer et impartira un délai au *confessus*. Si dans le délai le demandeur se déclarait satisfait, il y avait absolution. Sinon, on procédait à la *litis æstimatio*. Si le défendeur avait, en fait, fourni le montant de cette estimation ou l'avait offert, il était acquitté. Au cas contraire, il était condamné. A notre avis, il est beaucoup plus vraisemblable que l'ordre de restituer émanait du magistrat lui-même. On pourrait peut-être même admettre qu'il procédait à la *litis æstimatio* par voie de *cognitio extraordinaria*. Cette solution aurait l'avantage de rendre la liquidation possible même dans l'hypothèse où le *confessus* persévère dans son *indefensio*. Elle cadrerait aussi parfaitement avec les résultats de l'étude de M. Pernice sur le livre d'Ulpien *de omnibus tribunalibus*. Cf. plus loin chapitre compl. sur l'*oratio divi Marci*.

catio est une action arbitraire et, dans ces actions, il n'y avait aucune difficulté à disjoindre dans l'hypothèse d'une *confessio* les deux questions de l'appréciation du rapport de droit et de l'estimation en argent. Tandis qu'en effet, dans certaines actions telles que les *judicia bonæ fidei*, les deux questions sont tellement entremêlées que la distinction nous en a semblé impossible ; ici, l'instance se décompose normalement en deux phases, l'une où le juge statue sur le droit, se terminant à la *pronuntiatio*, l'autre où on estime le *quantum*, aboutissant à la condamnation. L'organisation d'une *litis æstimatio* contre le *confessus rem actoris esse* était donc tout indiquée.

M. Demelius (1) admet, de plus, que des considérations d'équité ont conduit à abandonner en matière d'actions *in rem* les principes de la *confessio incerti*.

Dans ces actions, il est de règle que le possesseur peut échapper à l'instance en abandonnant la chose ; mais s'il défend, il ne peut le faire qu'en fournissant la *cautio judicatum solvi*. Or il est des cas, dit Demelius, où la *rei vindicatio* a un caractère à la fois personnel et réel. Elle sert à sanctionner le droit de propriété et en même temps un certain nombre de créances d'indemnités. Si, dans ces cas, une *confessio rem actoris esse* intervient, il est injuste de forcer le défendeur à fournir la *cautio judicatum solvi* pour soutenir un procès qui ne porte plus que sur des rapports d'obligation. La procé-

(1) *Conf.*, p. 177-179.

cédure de la *litis æstimatio* aurait remédié à cet inconvénient (1).

Si ce raisonnement était absolument exact, il pourrait nous servir à fixer approximativement la date à laquelle la *litis æstimatio* a été introduite dans l'hypothèse de la *confessio rem esse actoris*, car « cette pénétration d'éléments personnels dans l'action réelle » date surtout du moment où la revendication a été admise contre les *ficti possessores* (2)

Mais l'argumentation de Demelius suppose démontré qu'aucune *cautio* n'était exigée du défendeur à l'*actio confessoria*. Or, cela n'est pas certain et ne semble même pas vraisemblable ; car, en l'absence d'une caution assurant le paiement intégral de la condamnation pécuniaire, « le demandeur à l'action réelle aurait été réduit au rôle de simple créancier (3) » exposé au

(1) M. Demelius fait aussi remarquer que ce choix entre l'abandon de la chose et la défense avec caution disparaît dans l'hypothèse où le défendeur a droit à des impenses. Ce droit est protégé par la rétention et, si le défendeur ne veut pas perdre ce droit de rétention, il se trouvera forcé d'accepter le *judicium* avec la *cautio*. Il y avait là quelque chose d'injuste, si le défendeur a fait *confessio*, dit Demelius, et le procédé de la *litis æstimatio* était plus équitable. — Ce raisonnement nous semble tout à fait inexact : Le défendeur n'était pas, comme le prétend Demelius, placé entre l'alternative de perdre le droit de rétention ou de fournir caution : Il pouvait refuser de se défendre et conserver sa chose : Le préteur rendait alors contre lui l'interdiction *quem fundum* sur lequel il ne perdra la possession que si le demandeur lui donne satisdation pour assurer le paiement des impenses. Cf. la formule de cet interdit dans Lenel, *E. P.*, p. 382.

(2) Girard, *Manuel*, p. 339.

(3) Girard, *Manuel*, 337. Cf. Wetzell, *Vindicationsprozess*, p. 65.

cas d'insolvabilité du défendeur à ne toucher qu'un dividende.

Quoi qu'il en soit, il nous semble certain, en présence du texte de la loi Rubria, que la procédure de la *litis æstimatio* n'a pas existé contre le *confessus rem actoris esse* dès les débuts de l'époque formulaire.

Il eût été d'ailleurs bien surprenant que la *litis æstimatio* qui, dans la procédure des Actions de la Loi, fonctionnait sur l'action personnelle et ne s'appliquait pas à l'action *in rem*, eût été introduite dans celle-ci en même temps qu'elle disparaissait dans celle-là.

III. — *La confessio dans la procédure des Interdits.*

Dans la procédure des Interdits, l'organisation de l'instance *in jure* passe, pour ainsi dire, par deux phases (1).

La personne qui se plaint, au lieu de demander directement au préteur, la délivrance d'une action contre son adversaire, obtient tout d'abord de ce magistrat un ordre conditionnel qui donnera lieu postérieurement à délivrance d'actions, si la contestation continue. Un procès sera lié pour savoir si l'interdit a été violé (*an prætoris adversus edictum factum sit vel an factum non sit quod is fieri jusserit*).

67 : il admet que la *cautio judicatum solvi* était exigée du *confessus* qui voulait défendre au *judicium rei æstimandæ*. En sens inverse, Schirmer, *Judicialstipulationen*, p. 99 ; Demelius, p. 179, n. 2.

(1) Cf. Girard, *Manuel*, p. 1022.

Dans cette procédure, la *confessio in jure* peut se produire à deux moments distincts : tout d'abord au début de l'instance, sur la *postulatio interdicti* ; postérieurement à la délivrance de l'interdit, sur l'*editio actionis*.

Dans ce dernier cas, la *confessio* aura bien évidemment les effets ordinaires de la *confessio incerti* et nous n'hésitons pas à lui appliquer toutes les solutions que nous avons adoptées pour l'hypothèse de la *confessio* et de l'*indefensio* dans les actions *in personam*.

Les mêmes principes doivent être appliqués selon nous à la *confessio* qui intervient avant la délivrance de l'interdit. Mais cela a été contesté de divers côtés (1), et nous devons, pour établir plus sûrement notre opinion, distinguer entre les *interdits impératifs* dans lesquels le préteur prescrit un acte, une restitution ou une exhibition et les *interdits prohibitoires* où il ordonne une abstention.

1° *Interdits impératifs.* — La personne qui prétend avoir droit à l'exhibition ou à la restitution d'une chose fait comparaître celui qui détient cette chose devant le magistrat ; et, là, après avoir exposé les faits, demande la délivrance d'un interdit.

Qu'arrivera-t-il si l'adversaire reconnaît se trouver dans les conditions dans lesquelles l'ordre du préteur

(1) Schmidt, *Interdictenverfahren*, p. 220 et s. ; Bethmann-Hollweg, *Civilprozess*, II, p. 358-359 ; Demelius, *Conf.*, p 164-174. Résumé de ces divers systèmes dans Ubbelohde, *Interdicten*, II, p. 13-20.

s'impose, autrement dit, s'il se reconnaît obligé à *exhibere* ou à *restituere*? Si cet aveu est suivi de la restitution ou de l'*exhibitio*, le demandeur se trouvera satisfait, et le préteur n'aura pas à intervenir ; mais dans l'hypothèse où cette satisfaction n'a pas lieu, nous nous trouvons en présence d'un *confessus incerti* contre lequel, d'après nos principes, on appliquera les mêmes moyens de contrainte que vis-à-vis de l'*indefensus* (1). Le préteur prononcera donc la *missio in possessionem* pour contraindre, ici comme ailleurs, le *confessus* à se défendre ou à faire la *certi confessio*.

Reste à savoir comment l'instance sera organisée, si le *confessus* se décide à se défendre.

Nous avons vu jusqu'ici qu'en principe après *confessio incerti*, l'instance était organisée comme si cette *confessio* n'avait pas eu lieu, et en l'absence de textes la solution la plus simple nous semble d'admettre qu'il en sera de même en matière d'interdits.

Donc, quand le *confessus* aura manifesté son intention de se défendre, le préteur délivrera l'interdit dans sa forme ordinaire.

Pour faire trancher le litige après un interdit exhibitoire ou restitutoire, il existe deux procédures (2), l'une *cum pœna* où le débat est lié par des promesses

(1) Ulpien, D. 43,29, 3,14 (*De h. lib. exhib.*).... *Labeo scribit sed si non defendatur in bona ejus eundum ait.*

(2) Gaius, IV, 163, 165.

réciproques (*sponsiones* et *restipulationes*), l'autre, *sine pœna* où l'on plaide *per formulam arbitrariam*.

Cette dernière procédure, dans laquelle le perdant n'encourt pas de peines, existe déjà à l'époque de Cicéron (1) et il est à croire que le *confessus*, qui n'a pour ainsi dire pas de chances de gagner son procès, devait toujours la préférer à la procédure *per sponsionem*. Celle-ci s'imposait cependant à lui s'il négligeait de demander au préteur la nomination d'un arbitre avant la terminaison de l'instance *in jure*.

Dans un cas comme dans l'autre, le juge pourra, malgré l'aveu, apprécier si les conditions d'application de l'interdit sont ou non réalisées. La *confessio* n'a pas rendu le droit certain et pourra être révoquée *in judicio*.

Deux textes d'Ulpien (2) nous donnent d'autres solutions pour une hypothèse particulière, celle de l'interdit *de tabulis exhibendis*. Ces textes décident que si le défendeur à cet interdit reconnaît posséder les *tabulæ testamenti* et refuse de les exhiber sans nier le droit du

(1) Cicéron, *pro Tullio*, 23, 53, en 682 ou 683 (Girard, *Manuel*, p. 1025, n° 2).

(2) Ulpien, L. 68 *ad edictum* (D. 43, 5, 1, 1). *Si quis forte confiteatur penes se esse testamentum, jubendus est exhibere et tempus ei dandum est ut exhibeat, si non potest in præsentiarum exhibere, sed si neget se exhibere posse vel oportere interdictum hoc competit.* Ulpien, L. 50 *ad edictum*, D. 29, 3, 2, 8 : *Si quis non negans apud se tabulas esse, non patiatur inspici et describi, omnimodo ad hoc compellitur : si tamen neget penes se tabulas esse, dicendum est ad interdictum remmitti quod est de tabulis exhibendis.*

demandeur, l'interdit ne sera pas délivré, mais le préteur rendra un ordre absolu d'exhiber qu'il sanctionnera « *omni modo* », c'est-à-dire, selon nous, *multis et pignoribus* (1).

Nous admettons avec M. Ubbelohde (2) que cette intervention du préteur par voie d'autorité administrative contre le *confessus*, doit être restreinte à l'hypothèse de l'interdit *de tabulis exhibendis* prévue par les textes d'Ulpien, et il n'y a pas, selon nous, à tirer argument de ces textes pour déterminer les effets de la *confessio* se produisant sur la *postulatio* d'un autre interdit.

C'est cependant ce que fait Demelius (3). Il prétend trouver dans ces textes la preuve que l'interdit restitutoire ou exhibitoire n'était pas rendu, au cas de *confessio*.

D'après lui, un ordre conditionnel tel que l'interdit n'aurait aucune raison d'être, à l'encontre du *confessus* qui reconnaît que les conditions d'application de l'interdit se trouvent réunies. Par le seul fait de la *confessio*, la procédure arrive au même point que s'il y avait eu un jugement sur les *sponsiones* et il suffira comme

(1) Ubbelohde, *Interdicten*, p. 11.

(2) *Ibid.*, p. 11. Cette intervention du préteur, ce *jubere exhibere* nous fait songer au *jubere rem duci ferrive* que l'on trouve dans les actions réelles mobilières. Il serait difficile de dire s'il faut voir dans l'intervention administrative du préteur en notre matière, une trace de l'ancienne procédure dans laquelle l'interdit a peut-être été un ordre absolu, ou si au contraire il faut y voir un empiétement de la procédure *extra ordinem* sur la procédure formulaire : Cf. Schmidt, *loc. cit.*, p. 222.

(3) *Conf.*, p. 165.

dans ce cas d'organiser un *judicium* sur le *quanti ea res est*. Demelius appliquant ici les règles ordinaires de la *confessio incerti* admet que tout au moins avant l'*oratio divi Marci*, ce *judicium* n'a pas eu la forme d'une *actio confessoria*. D'après lui le préteur délivrait directement contre le *confessus* la *formula arbitraria*, reproduisant les termes de l'interdit (1), telle qu'elle était donnée *post interdictum redditum* quand le défendeur le demandait *antequam ex jure exeat*.

Ce système de M. Demelius nous semble en quelque sorte contradictoire. Il admet en effet d'une part, que la délivrance de l'interdit est inutile parce que les conditions d'application sont mises hors de doute par la *confessio*, et d'autre part, que l'on organisera un *judicium* dans lequel le juge aura à apprécier si ces conditions sont réunies. Nous nous refusons à comprendre pourquoi la *confessio* qui a une force juridique suffisante pour empêcher la délivrance de l'interdit ne met pas obstacle à la délivrance d'une telle action.

Nous n'éprouvons aucune difficulté, d'autre part, à expliquer un texte de Gaius (2) dans lequel Demelius trouve une confirmation de son système.

Ce texte se rapporte à une controverse entre jurisconsultes romains.

Proculus considérait comme un *confessus restituere*

(1) Voir Lenel, *E. P.*, p. 359, « Quod opus... vi aut clam factum est si arbitratu tuo non restituatur, quanti ea res erit, et rell. »

(2) IV, 163.

vel exhibere debere, le défendeur à l'interdit qui a demandé au préteur la nomination d'un arbitre et dès lors lui refusait le droit d'exiger le *judicium calumniæ*. Son opinion fut d'ailleurs repoussée, mais, fait remarquer Demelius (1), « il n'aurait pu avoir une idée semblable en présence d'une formule qui donnait au juge mission de statuer sur les conditions de l'interdit, si une formule identique n'avait pas été le moyen employé pour arriver à une condamnation pécuniaire vis-à-vis du *se restituere vel exhibere confessus*. »

L'opinion de Proculus peut s'expliquer beaucoup plus simplement. N'est-il pas évident, fait remarquer M. Ubbelohde (2), que le défendeur sûr de son droit, préférera la procédure *per sponsionem* où il bénéficiera de la *pœna* s'il gagne son procès? s'il choisit la *formula arbitraria*, c'est qu'il a peu de confiance dans l'issue de la lutte ; et l'on comprend très bien que Proculus rapproche ce défendeur du *confessus*, pour arriver à lui refuser le droit d'exiger le *judicium calumniæ*. Quoi qu'il en soit, nous croyons que le paragraphe 163 doit être laissé en dehors de notre étude actuelle, car il se place dans l'hypothèse où l'interdit a été rendu.

Nous avons donc cru devoir repousser le système de M. Demelius, et nous tenons pour démontré que jusqu'à l'*oratio divi Marci* la *confessio incerti*, intervenant sur

(1) *Conf.*, p. 168.
(2) *Loc. cit.*, p. 24.

la *postulatio interdicti*, donnait lieu à *missio in possessionem*, si, comme cela était à craindre, le *confessus* refusait de se défendre. Au cas contraire, l'instance était organisée absolument comme si la *confessio* ne s'était pas produite.

Nous trouvons dans la partie suspecte de la loi 6, *de confessis*, une modification à ces règles. Dans sa forme primitive elle établissait, selon nous, qu'Ulpien, en se basant sur l'*oratio divi Marci*, admettait qu'en matière d'interdits impératifs et d'une façon générale dans les actions arbitraires, la *confessio incerti* valait *pronuntiatio*. Il faut donc appliquer, dans ce nouveau système, à la *confessio* se produisant sur la *postulatio interdicti* et sur l'*editio* de la *formula arbitraria* née de l'interdit, tout ce que nous avons dit sur le paragraphe 2 de la loi 6 *de confessis*, à propos des actions *in rem*.

2° *Interdits prohibitoires*. — Les solutions admises pour le cas de la *confessio in jure* intervenant sur la postulation d'un interdit prohibitoire dépendent de l'interprétation que l'on donne du paragraphe 170 du commentaire IV de Gaius, que nous croyons utile de reproduire ici (1).

Sed quia nonnulli interdicto reddito cetera ex interdicto facere nolebant, atque ob id non poterat res expediri, prætor in eam rem prospexit et comparavit interdicta quæ secundaria appellamus, quod secundo loco redduntur quorum vis et potestas hæc est, ut qui cetera

(1) Cf. Saleilles, *La controversia possessionis et la vis ex conventu*, NRH., 1892,[p. 245-313.

ex interdicto non faciat, veluti qui vim non faciat aut fructus non liceatur aut qui fructus licitationis satis non det aut sponsiones non faciat sponsionumve judicia non accipiat, sive possideat, restituat adversario possessionem, sive non possideat, vim illi possidenti ne faciat.

M. Demelius admet que ces interdits secondaires étaient des ordres absolus et catégoriques et que l'un d'eux, l'interdit prohibitoire, n'était pas spécial à l'hypothèse des interdits doubles, mais pouvait aussi s'appliquer sur l'interdit prohibitoire simple. Dans ces conditions, il propose les solutions suivantes. Toutes les fois qu'une *confessio incerti* intervient en matière d'interdit prohibitoire simple ou double le préteur rend un « *vim fieri veto* » absolu pour garantir le demandeur à l'interdit contre des troubles ultérieurs. Avant l'*oratio divi Marci* on organisait ensuite un *judicium secutorium* ou *cascellianum* analogue à celui dont nous parle Gaius, 4.166, *in fine*. Après l'*oratio*, on délivra une *actio confessoria*.

Nous sommes obligé de repousser toutes ces solutions par là même que nous reconnaissons, notamment avec M. Ubbelohde, que le paragraphe 170 ne s'applique qu'aux interdits doubles et que les interdits secondaires dont il fait mention étaient des ordres conditionnels, comme tous les interdits.

Nous devons donc distinguer entre les interdits doubles et les interdits simples.

A. *Interdits prohibitoires simples.* — Supposons tout

d'abord un interdit simple, l'interdit *de glande legenda*, par exemple, dont voici la formule : « *Glandem, quæ ex illius agro in tuum cadat, quo minus illi tertio quoque die legere aufere liceat, vim fieri veto* (1). »

Si le défendeur à cet interdit reconnaît avoir empêché l'enlèvement des fruits tombés sur son terrain aux époques indiquées dans l'interdit, il y a *confessio in jure*. S'il donne l'indemnité réclamée par son adversaire pour le préjudice subi et s'il promet, au besoin en fournissant des sûretés, de ne pas s'opposer désormais à l'enlèvement des fruits, le préteur ne rendra pas l'interdit et l'affaire sera terminée ; mais si le défendeur à l'interdit refuse de satisfaire le demandeur ou de faire *confessio certi*, il sera exposé à l'*urgueri* comme tous les *confessi incerti*. Le préteur procédera au besoin à la *missio in possessionem*. Si le défendeur, par exemple, parce qu'il n'est pas d'accord avec son adversaire sur le taux de l'indemnité à fournir, veut bien se défendre, l'instance sera organisée conformément aux règles ordinaires.

L'interdit sera rendu et la procédure *per sponsiones* seule possible en notre matière, s'appliquera comme s'il n'y avait pas eu *confessio*.

Demelius repoussait cette procédure comme injuste pour le défendeur.

Mais en réponse, M. Ubbelohde (2) fait remarquer avec

(1) D. 43,28,1.
(2) *Loc. cit.*, p. 23.

beaucoup d'exactitude, que si cette procédure était sévère pour le défendeur *confessus*, elle était aussi dangereuse pour le demandeur : en effet si d'un côté la *pœna sponsionis*, qui menaçait le défendeur, était de nature à peser très fortement sur sa volonté pour l'amener à faire *certi confessio* ou à satisfaire son adversaire, d'autre part le danger d'être condamné à payer la *summa restipulationis* devait porter le demandeur à modérer ses prétentions.

B. *Interdits prohibitoires doubles*. — Si nous supposons, maintenant, une *confessio* se produisant sur un interdit prohibitoire double, tel que l'interdit *uti possidetis*, nous lui appliquerons les règles que Gaius nous indique au paragraphe 170 pour le cas d'*indefensio* à cet interdit.

La formule de cet interdit est, d'après Ulpien (livre 69, *ad edictum*), la suivante :

Uti eas ædes, de quibus agitur nec vi nec clam nec precario alter ab altero possidetis, quominus ita possideatis, vim fieri veto (1).

Si, sur la *postulatio* de cet interdit faite par l'un des prétendus possesseurs, l'adversaire reconnaît ne pas posséder, il n'y aura plus lieu à délivrance de l'interdit *uti possidetis* qui suppose que les deux plaideurs se prétendent possesseurs.

Mais si le *confessus* a troublé le demandeur à l'inter-

(1) D. 43, 17, 1, pr. Cf. Lenel, *E. P.*, p. 577.

dit dans sa possession, ou si, en fait, il détient la chose, l'affaire n'est pas terminée : le *confessus* se trouve soumis à un interdit simple, soit restitutoire, soit prohibitoire. S'il accepte cet interdit, il pourra y défendre en soutenant, par exemple, que la possession appartient à un tiers ou doit être rendue à un tiers. Il pourra aussi dans cette nouvelle instance sur l'interdit secondaire, faire une *confessio in jure* qui sera réglée comme l'est ordinairement la *confessio in jure* dans les interdits simples.

Nous croyons, contrairement à Demelius et à Ubbelohde, que ces règles de la *confessio* en matière d'interdits prohibitoires ont duré aussi longtemps que le système formulaire et n'ont pas été modifiées postérieurement à l'*oratio divi Marci*. La loi 6 *de confessis* étend bien, il est vrai, la règle *confessus pro judicato* à l'hypothèse de l'interdit prohibitoire comme à celle de l'interdit restitutoire et exhibitoire: « ... *vel interdicto exhibitorio vel prohibitorio dum quis convenitur* ».

Mais M. Lenel (1) admet que les mots « *vel prohibitorio* » ont été insérés dans le texte primitif par les compilateurs et la raison qu'il donne de cette opinion nous a semblé assez bonne.

Ulpien, nous dit-il, n'aurait pas énuméré toutes les espèces d'interdits si la règle s'appliquait à tous.

(1) *Palingenesia*, n° 2277, n. 5 : « *vel prohibitorio*, Trib. Nam si de omnibus interdictis egisset Ulpianus, eorum genera non enumerasset ».

D'autre part, d'après nous, la réforme qu'opérait le texte d'Ulpien dans sa forme primitive ne s'appliquait qu'aux actions arbitraires. Or, il n'est pas le moins du monde certain que le *judicium secutorium* organisé au cas d'interdit prohibitoire ait été arbitraire.

M. Lenel indique dans son livre sur l'édit perpétuel (1) quelques bons motifs d'en douter et le texte d'Ulpien rétabli par lui pouvait encore lui fournir un argument nouveau.

(1) pp. 360-361.

CHAPITRE III

L'AVEU DANS LES ACTIONS QUI « CRESCUNT IN DUPLUM PROPTER INFITIATIONEM » ET SPÉCIALEMENT DANS « L'ACTIO LEGIS AQUILIÆ » ; ET L' « ACTIO EX TESTAMENTO ».

L'aveu dans l'*actio legis Aquiliæ* est soumis à des règles très différentes de celles qui régissent dans la procédure formulaire la *confessio incerti* : et c'est ainsi notamment qu'il donne lieu à une *actio confessoria* où le juge procédait à l'estimation, la chose avouée étant considérée comme certaine. Plusieurs auteurs ont vu dans ces règles spéciales, une extension du principe « *confessus pro judicato habetur* » et une application pour ainsi dire anticipée de l'*oratio divi Marci* (1).

Mais, si l'on remarque que les textes des commentateurs de l'édit relatifs à la *confessio in jure* et le fragment *de omnibus tribunalibus* où Ulpien trace comme un tableau d'ensemble de cette institution, ne font aucune allusion à l'aveu *se servum injuria occidisse*, l'on sera porté à croire que l'aveu, dont il est question dans les

(1) Cf. Bethmann-Hollweg, *Versuche*, p. 268 ; « plus tard on est encore allé plus loin, sur la foi semble-t-il d'une *oratio divi Marci*, et l'on a admis pour toutes les actions (ce qui valait antérieurement pour l'*actio ex lege Aquilia* et *ex testamento*) » ; Savigny, *System*, VII, p. 15 (trad. fr., p. 20) ; Keller, *Actions*, § 63 (trad. fr., p. 281).

commentaires du titre de l'édit *ad legem Aquiliam,* n'est pas à proprement parler une *confessio in jure*. Une étude de ces textes fait apercevoir que cet aveu doit bien plutôt être rapproché de celui qui se produit sur l'*interrogatio in jure* et que dans sa nature, ses conditions et ses effets, il diffère profondément de la *confessio in jure.*

La *confessio in jure*, que nous avons étudiée jusqu'ici, porte sur le rapport de droit, et c'est pour cela, qu'elle peut à certaines conditions, tenir lieu d'un jugement. Le *confessus* reconnaît le bien fondé de la prétention du demandeur et renonce par là même, en principe, à l'exercice du droit de défense. Le *judicium* n'est pas organisé quand la *confessio* porte sur une *certa pecunia* ; et, quand elle porte sur un autre objet, il intervient un *urgueri* dont le but est de forcer le *confessus* à faire *certi confessio,* ou, le cas échéant, à accepter le *judicium* (1).

Bien que le point ait été controversé, il semble bien, qu'au contraire, la *confessio se servum occidisse* porte, comme le dit Savigny, « non sur la réclamation encore indéterminée du demandeur, mais uniquement sur le fait entier ; non sur le fait entier et complet, mais sur la part que le défendeur y a prise personnellement, sur ce que nos criminalistes appellent l'état subjectif des faits » (den subjectiven Thatbestand) (2). L'aveu qui

(1) Cf. *suprà*, chap. I et II.

(2) Savigny, *Système,* trad. Guénoux, VII, p. 23. Dans le même sens Bethmann-Hollweg, *Civilprozess*, II, p. 544, n. 20 et 21 ; Rudorff, ZGR., XIV, p. 377 et s. (*Ueber die Litiscrescenz*) ; Sell, *Jahrb.*,

nous occupe n'est pas une soumission totale à la prétention du demandeur, et, ce qui le prouve, c'est qu'une partie des faits sur lesquels se fonde le demandeur reste soumise à la libre appréciation du juge. Ulpien le dit très nettement dans un fragment du livre 18 de son commentaire *ad edictum* (D. 9,2, 23, 11, *ad legem Aquiliam*) :

Si quis hominem vivum falso confiteatur occidisse et postea paratus sit ostendere hominem vivum esse, Julianus scribit cessare Aquiliam, quamvis confessus sit se occidisse : hoc enim solum remittere actori confessoriam actionem ne necesse habeat docere eum occidisse, ceterum occisum esse hominem a quocumque oportet.

Malgré la *confessio se occidisse*, le défendeur peut prouver que l'esclave n'a pas été tué. L'élément objectif du délit n'est pas avéré par la *confessio* et reste soumis à l'appréciation du juge (1) : c'est donc que celle-ci ne porte que sur l'élément subjectif et le *confessus* ne sera tenu, que si les autres éléments du délit se trou-

p. 180 et s., *contrà* : Keller, *Actions*, § 58, trad. franç., p. 256, et les auteurs cités.

(1) Cf. Demelius, p. 189 : Qu'on ne dise pas que la condamnation est impossible dans l'hypothèse prévue par Ulpien dans le frag. 23 § 11, parce que l'esclave n'ayant pas été tué il n'y a pas eu de dommage subi. Un autre passage d'Ulpien (L. 25, *ibid.*) prouve que l'idée du jurisconsulte est toute différente : *Proinde si occisus quidem non sit, mortuus autem sit, magis est ut non teneatur in mortuo, licet fassus sit.* Ici le propriétaire de l'esclave est appauvri, et si le juge ne peut lui attribuer des dommages-intérêts, ce ne peut être parce que l'estimation en argent du dommage subi est impossible. Cf. D. 9,2,24.

vent réunis, peu importe d'ailleurs que ce soit lui ou une autre personne qui soit véritablement l'auteur de ce délit. C'est ce qu'exprime très nettement Paul dans le fr. 4 *de confessis* (D. 42,2) (1).

Si is cum quo lege Aquilia agitur confessus est servum occidisse, licet non occiderit, si tamen occisus sit homo, ex confesso tenetur.

Ce qui a donc été mis hors de doute vis-à-vis du juge saisi de l'*actio confessoria* après la *confessio se servum occidisse*, c'est la responsabilité du défendeur pour un délit dont il reste à constater les autres éléments ; et c'est ainsi qu'il faut comprendre un autre passage d'Ulpien qui, interprété autrement, pourrait être objecté à notre système.

Ulpien, L. 18, *ad edictum*, Loi 25, 2. *ad legem Aquiliam* (D. 9, 2).

Notandum quod in hac actione quæ adversus confitentem datur judex non rei judicandæ, sed æstimandæ datur : nam nullæ partes sunt judicandi in confitentes.

La solution donnée par ce texte est absolument exacte si on a soin de la restreindre au point qui fait l'objet de la *confessio* (2), c'est-à-dire à l'élément subjectif du délit ; mais l'on ne pourrait, sans mettre Ulpien en contradiction avec lui-même, prétendre trouver dans ce texte la preuve que le juge ne statuera pas librement

(1) Paul, livre 15, *ad Plautium*, Cf. Lenel, *Palingenesia*, n° 1218.

(2) *Sic*, Demelius, p. 190 : « Allerdings, soweit der Inhalt der *confessio* reicht ist das ganz richtig. Wie weit er reicht, das glaubt Ulpian genügend auseinander gesetzt zu haben. »

sur les autres points, et que, dans tous les cas, il est seulement appelé à faire une liquidation et à prononcer une condamnation.

Que si, d'autre part, les compilateurs ont cru utile d'insérer à la suite du fragment d'Ulpien, les lignes suivantes de Paul :

L. 26, *ad legem Aquiliam* : *Puta enim quod qui convenitur fateatur se occidisse et paratus sit æstimationem dare et adversarius magni litem æstimat.*

C'est qu'en pratique le *confessus se servum occidisse* ne contestera pas ordinairement le fait du meurtre de l'esclave, et s'il plaide, ce sera presque toujours, parce qu'il n'est pas d'accord avec le demandeur sur le taux de l'indemnité à fournir.

Une contestation portant sur l'élément objectif du délit n'en est pas moins théoriquement possible parce que l'aveu n'a porté que sur l'élément subjectif (1).

Il en résulte que la *confessio se servum occidisse*, bien

(1) On ne peut objecter à cette solution comme le fait Keller (*Civilprozess*, § 58, trad. fr., p. 256, n. 680) un texte d'Ulpien (D. 44, 1, 2, 4, *de exceptionibus*). L'argument tiré du sens très général de *litem infitiari* qui est l'opposé de *confiteri* est facile à écarter : Cf. Demelius, p. 191. Il faudrait prouver qu'*infitiari* n'a pas comme *confiteri* un sens spécial dans l'action *legis Aquiliæ*. Un autre argument de Keller tiré de l'inscription de la *collatio*, 12, 7, 1. « Ulpianus libro XVIII ad edictum sub titulo si fatebitur injuria occisum esse in simplum..... » n'a pas plus de valeur : Demelius, p. 192. « Naturellement l'élément subjectif du délit ne peut être avoué sans que par là même l'on considère le délit comme accompli. » Sur la fin du texte de la *collatio*, Cf. Lenel, *E. P.*, p. 157, n. 4, qui repousse la lecture : *in simplum ut condiceret.*

que se produisant *in jure* n'est pas à proprement parler une *confessio in jure*, parce qu'elle n'est pas une soumission absolue à la prétention du demandeur ; elle ne porte pas *in jus* et elle ne fait pas obstacle à l'organisation du *judicium*. De même que la *confessio se heredem esse* se produisant sur l'*interrogatio an heres sit*, elle tend seulement à donner une forme particulière au procès. On comprend dès lors que les textes lui assignent des règles différentes de celles de la *confessio in jure incerti*, qui implique abandon de la défense et porte sur le droit.

Une première différence existe au point de vue des personnes qui peuvent avouer. La *confessio in jure* proprement dite doit être faite par le débiteur lui-même. « *Sed an et ipsos procuratores vel tutores vel curatores fateri sufficiat videamus et non puto sufficere* (1) », nous dit Ulpien : et cela est exact dans un double sens.

Le *procurator*, par exemple, ne peut faire la *confessio in jure* au nom et place de son mandant « parce qu'il a pouvoir pour défendre au procès et non pas pour mettre obstacle à la discussion judiciaire » (2). Quant à la *confessio* qu'il ferait en son propre nom, elle ne pourrait avoir l'efficacité de la *confessio in jure* faite par le débiteur lui-même, parce qu'elle ne correspondrait pas à

(1) D. 42, 2, 6, 4.

(2) Demelius, *Conf.*, p. 187 : « Kann solches Gestændniss nicht wirken, da der Procurator zum Streiten und nicht zur Ausschliessung des Rechtsstreits ermæchtigt ist. »

l'action du demandeur qui prétend être créancier du mandant. « La *confessio in jure* doit porter sur la prétention même de l'*actor* (1). »

Au contraire, sur l'action *legis Aquiliæ* comme sur une *interrogatio in jure* (2), le représentant judiciaire peut avouer au nom de la personne pour laquelle il plaide, et son aveu fait naître une *actio utilis* contre cette personne.

Ulpien, l. 18, *ad edictum* (D. 9,2, 25,1, *ad legem Aquiliam*). *Si procurator aut tutor aut curator aut quivis alius confiteatur* (*aut pupillum aut adultum*, ins. Mommsen) *aut absentem vulnerasse, confessoria in eos utilis actio danda est.*

Le *defensor* à l'*actio legis Aquiliæ* peut aussi avouer en son propre nom.

Le frag. 20 *de interrogationibus* (D. 11,1, Paul, l. 2, *quæstionum*) nous montre en effet que l'on peut prendre sur soi la dette d'un autre en se déclarant héritier sur l'*interrogatio an heres sit* ou en avouant *se vulnerasse vel occidisse* sur l'*actio legis Aquiliæ* : « *Is qui confitetur se occidisse.... suo nomine tenetur* », nous dit Paul, et il ajoute qu'un tel aveu ne fera échapper l'auteur du délit

(1) *Ibid.* : « Die *confessio* muss auf dasselbe gehen, was Klæger behauptet. »

(2) Cf. D. 3, 3, 39, pr. (Ulpien, l. 9 *ad edictum*) : « *Non solum autem in actionibus et interdictis et in stipulationibus debet dominum defendere, verum in interrogationibus quoque, ut in jure interrogatus ex omnibus causis respondeat, ex quibus dominus, an igitur heres sit absens respondere debebit et si responderit vel tacuerit, tenebitur.* »

à l'action de la victime, que si celui-ci est soumis à l'action en recours du représentant judiciaire (1).

Ces règles opposées à celles de la *confessio in jure* s'expliquent par ce fait, qu'à la différence de cette dernière, l'aveu sur l'*actio legis Aquiliæ* ne fait pas obstacle à la délivrance de la formule saisissant le juge de la question de droit. Cet aveu a pour but et pour seul effet de mettre à la place de la formule tendant à une condamnation au double, une *formula confessoria* qui, le cas échéant, conduira à une condamnation au simple. Cette formule était, d'après M. Lenel (2), conçue *in jus* et laissait au juge

(1) D. 11, 1, 20, pr. «... *nec debet impunitum esse delictum ejus qui fecit propter eum qui respondit : nisi quasi defensor ejus qui admisit vel heredis, litem subit hoc genere : tunc enim in factum exceptione data summovendus est actor ; quia ille negotiorum gestorum vel mandati actione recepturum est quod præstitit.* » Cf. Demelius, *Conf.*, p. 186; Rudorff, ZGR., XIV, p. 378 ; Bethmann-Hollweg, *Civilprozess*, II, p. 545 et n. 25.

(2) Lenel, *E. P.*, p. 156 et s. — Il trouve une preuve que l'*actio confessoria* était *in jus* (p. 158. n. 4), dans les fr. 23, § 11 et 25, § 2 *hoc. tit.* : « On ne peut tirer aucune objection du texte d'Ulpien, fr. 25, § 2 *h. t.* Bien au contraire. Le mot *notandum* au commencement du texte et les motifs assez particuliers de la fin prouvent plutôt que la *formula confessoria* était rédigée de manière à faire croire à tort au juge qu'il était *judex non solum rei æstimandæ sed etiam judicandæ rei.* De même la solution du fr. 23, § 11, *h. t.* est difficilement conciliable avec une rédaction *in factum.* » Au texte (p. 158) il admet que l'*actio confessoria* avait la démonstration suivante : « Quod ille servus occisus est, quem N. N. injuria se occidisse fassus est » et il ajoute, qu'étant donné que la délivrance de la formule suivait immédiatement le *futeri* et que par conséquent la *confessio* n'avait pas besoin d'être prouvée *in judicio*, on pourrait aussi admettre, une formule ne faisant pas mention de l'aveu. « Quod ille servus injuria se occisus est, quam ob rem.... dare oportet, etc. »

le pouvoir de condamner ou d'absoudre. Le texte d'Ulpien nous a appris, en effet, que l'élément subjectif du délit était seul mis hors de discussion par la délivrance de l'*actio confessoria* (1), et théoriquement une absolution pouvait intervenir dans les cas où les autres éléments du délit n'étaient pas réunis.

L'on admet ordinairement (2) que l'aveu qui se produit sur l'*actio ex testamento* doit aussi être distingué de la *confessio in jure* proprement dite, tout au moins quand le legs porte sur une *certa res* (3).

Cet aveu ne porte pas sur la prétention du demandeur et ne supprime pas forcément toute discussion judiciaire. Il porte sur un fait, sur l'existence d'un legs valable dans le testament. Ce fait est soustrait à l'appréciation du juge à l'*actio confessoria*, ainsi que le décident deux fragments de Paul et d'Ulpien.

Paulus, l. 9, *ad Plautium* (D. 42,2,3 *de confessis*). *Julianus ait confessum certum se debere legatum omnimodo damnandum, etiamsi in rerum natura non fuisset et si jam a natura recessit* [*ita tamen ut in æstimationem*

(1) *Sic*, Demelius, p. 184; Bethmann-Hollweg, *Civilprozess*, II, 545 et n. 24 : « C'est la *litis contestatio* qui rend l'aveu irrévocable et soustrait son contenu à la discussion : c'est une différence de plus avec la *confessio in jure* qui, quand elle rend le droit certain, a cet effet immédiatement et non pas seulement quand elle a été suivie de la *litis contestatio*. »

(2) Demelius, *Conf.*, p. 192, n. 3 ; Bethmann-Hollweg, *Civilprozess*, II, p. 545 et n. 22 et 23.

(3) Gaius, IV, 9 ; « *adversus infitiantem in duplum agimus... legatorum nomine quæ per damnationem certa relicta sunt.* » Cf. Lenel, *E. P.*, p. 295, n. 8, les renvois.

ejus damnetur] (1) *quia confessus pro judicato habetur.*

Ulpien, l. 27, *ad edictum* (D. *ibid.*, fr. 5) : *Qui Stichum debere se confessus est, sive mortuum jam Stichus erat, sive post litis contestationem decesserit condemnandus est* (2).

Un autre texte de Paul (L. 4, *ad Sabinum*) qui forme au Digeste la loi 8 *de confessis*, donne, il est vrai, une solution qui semble en contradiction avec celle de la loi 3.

Non omnimodo confessus comdemnari debet rei nomine, quæ an in rerum natura esset incertum sit.

On peut admettre, avec Bethmann-Hollweg, que le jurisconsulte vise ici l'hypothèse où, la chose n'ayant jamais existé, son estimation est inconcevable (3) ou encore celle où la *res confessa* est impossible matériellement ou juridiquement (4). Il est bien certain, par exemple, que la *confessio se servum legatum debere* sera inefficace, quand il est prouvé que le testateur vit encore, ou que l'esclave légué est libre (5).

(1) Cf. Bethmann-Hollweg, *Versuche*, p. 267 et s. Il considère la phrase [*ita tamen... damnetur*] comme interpolée, car dans la procédure formulaire la condamnation portait forcément sur l'estimation.

(2) Cf. Bethmann-Hollweg, *Civilprozess*, II, p. 549, n° 43. Demelius, *Conf.*, p. 208 ; bien que ce texte soit tiré d'un commentaire sur l'édit *de rebus creditis*, Demelius croit qu'il vise l'hypothèse de l'*actio confessoria* en matière de legs. Lenel (*E. P.*, p. 196 et *Palingenesia*, n° 795) suppose qu'Ulpien fait ici ressortir une différence entre la *confessio* et le constitut. Le passage serait détaché d'un commentaire sur la *pecunia constituta* : « ad verba, eamque pecuniam cum constituebatur debitam fuisse »

(3) Bethmann-Hollweg, *Civilprozess*, II, p. 545, n. 22.

(4) *Ibid.*, p. 549. « Nur die natürliche oder rechtliche Unmœglichkeit des Eingestandenen hat die Absolution des Beklagten zurFolge. »

(5) Bethmann-Hollweg, *Versuche*, p. 274.

Mais nous croyons que le *confessus se debere legatum* pourra échapper à la condamnation pour d'autres causes, par exemple, s'il est établi que le testateur était insolvable, ou encore si le juge reconnaît que tout le legs a été exécuté « *omne solutum esse* ». Dans des cas analogues, l'*heres* qui a avoué *se debere fideicommissum* sera absous, aux termes de la loi 7 *de confessis* (1) ; et nous ne voyons aucune raison d'admettre qu'il en sera autrement de l'*heres* qui a fait la *confessio se legatum debere*. L'expression *legatum debere* est employée d'une façon courante au Digeste (2) pour désigner le fait qu'un legs valable existe dans le testament et il n'est pas à croire que la *confessio se legatum debere* soit une *confessio in jure* proprement dite, portant sur le rapport de droit et entraînant soumission absolue à la prétention du demandeur.

S'il en est ainsi, l'on ne conçoit pas en bonne logique, comment Demelius (3) a pu admettre que le *confessus se legatam pecuniam debere* était soumis aux règles de la *confessio in jure certi* ; cette idée erronée, selon nous, l'a empêché de comprendre la loi 71 *de legatis* (4).

Nous reconnaissons que le plus souvent après un tel aveu l'héritier n'aura pas le désir de plaider et qu'il

(1) D. 42, 2. Ce texte est relatif à la procédure extraordinaire et la *confessio* qu'il vise porte sur le fait, non sur le droit; on la désigne ordinairement comme une *confessio in judicio*. Cf. Demelius, p. 209.

(2) *Sic*, Demelius, p. 192, note 3, *in fine*, qui renvoie en masse au titre *de legatis et fideicommissis*. Comp. l. 7, *de confessis* citée *suprà*.

(3) *Conf.*, p. 181. De même Bethmann-Hollweg, *Civilprozess*, II, p. 545, note 23.

(4) Cf. *suprà*, chap. I, § 2.

paiera, s'il le peut. Mais nous ne croyons pas, qu'en l'absence de satisfaction, on pourra le traiter comme un *judicatus*. Il ne s'est pas soumis à la prétention du demandeur et celle-ci ne pourra être exécutée contre lui sans avoir été reconnue par un juge. Comme, d'autre part, l'héritier a fait *confessio*, la formule que délivrera le préteur, sera une *formula confessoria* tendant à une condamnation au simple ; et l'on comprend que dans ces conditions l'héritier qui ne peut pas payer immédiatement soit disposé à accepter le *judicium* pour gagner un délai (1). S'il ne se défend pas, il sera soumis comme tout *indefensus* à la *missio in possessionem* et c'est à cette voie de contrainte que pense Ulpien dans le frag. 71 que nous avons déjà reproduit et discuté. Il y avait quelque injustice à soumettre immédiatement le *confessus se pecuniam legatam debere* à cet *urgueri*, et Ulpien décide qu'on devra lui accorder un délai raisonnable pour payer. Ce seul fait prouverait au besoin que la *confessio* dont traite le passage d'Ulpien, n'est pas une *confessio in jure* proprement dite ; l'on sait en effet que le *confessus certi* avait droit à un délai de grâce comme le *judicatus* depuis la loi des XII tables, et le texte d'Ulpien aurait été sans utilité et sans objet s'il s'était appliqué à lui. D'autre part, le paragraphe 3 du même

(1) Qu'on ne nous objecte pas les textes assez nombreux accordant des délais au *confessus*. Aucun n'est relatif au *confessus æris* proprement dit. Cf. D. 42, 1, 31 relatif à la procédure extraordinaire ; D. 5,1, 21. Ulpien, L. 70, *ad ed.* (*a quo fundus petetur*. Lenel, *E. P.*,

fragment montre nettement que le jurisconsulte ne s'occupe pas ici de la *confessio in jure*. Il y est question d'un *confessus se quidem debere qui neget se servum hereditarium debere præstare* : L'on voit immédiatement que ce *confessus* n'est pas un *confessus in jure incerti* au sens que donnent à ces expressions, la loi Rubria et Ulpien lui-même dans la loi 6 *de confessis*. De même, selon nous, l'*in pecunia legata confitens* du paragraphe 2 de la loi 71 n'est pas un *confessus certi* que l'on puisse assimiler au *judicatus* (1).

Nous croyons donc que, dans les deux actions qui *crepscunt in duplum propter infitiationem* que nous avons étudiées, la *confessio* était soumise à des règles spéciales, que la dette fût ou non une dette d'argent.

Quoi qu'il en soit, l'*actio confessoria*, à laquelle donnait lieu la *confessio* dans ces actions, a dû fonctionner de très bonne heure dans le système formulaire, et l'on ne peut y voir une innovation de l'*oratio divi Marci*.

p. 381). Il n'est pas certain qu'il y soit question du débiteur d'une somme d'argent ni même d'une *confessio in jure* : Peut-être *confessio* sur *editio* extrajudiciaire. Le texte est d'ailleurs suspect : « *cum competenti cautela* ». Cf. H. Appleton, *Thèse*, n° 73 et les autorités citées.

(1) Si l'on n'admettait pas notre interprétation de la loi 71, et si l'on ne voulait pas admettre avec nous que le *judicium* dont elle parle est la *formula confessoria*, il ne faudrait pas cependant, à notre avis, adopter les explications embarrassées de Demelius et de Bethmann-Hollweg. Il serait préférable d'admettre que le *judicium* en question c'est l'*actio judicati*.

CHAPITRE COMPLÉMENTAIRE

LA LOI 6 DE CONFESSIS ET L'ORATIO DIVI MARCI.

§ 1. — La loi 6 de confessis.

Ulpien, l. 5 de omn. tribunalibus. D. 42, 2, 6 (*de confessis*) (1) :

Certum confessus pro judicato erit, incertum non erit. § 1. *Si quis incertum confiteatur* [*vel corpus sit confessus, Stichum vel fundum dare se oportere*] (2), *urgueri debet ut certum confiteatur.* [*item eum qui rem confessus est ut certam quantitatem fateatur*] (3).

(1) Nous reproduisons ici ce texte dans son entier en distinguant les alinéas du § 2 pour rendre la discussion plus facile, et en plaçant entre parenthèses les parties du texte supprimées par les interpolateurs (*arbitraria*) et entre crochets les parties ajoutées. Nous avons adopté la reconstitution de M. Pernice, ZSS., 1893, 14, p. 165 en note. Comp. les reconstitutions un peu différentes de M. Lenel (*Palingenesia*, n° 2277) et Demelius (p. 201). Au lieu d'insérer dans l'alinéa 2 du § 2 comme le fait M. Pernice, le mot *arbitraria*, il déplace les mots « ex quibus dies datur ad restituendam rem » pour les faire passer de l'alinéa 3 dans l'alinéa 2. Il obtient ainsi le texte suivant : « et si alia quacumque actione civili vel honoraria vel interdicto exhibitorio vel restitutorio vel prohibitorio ex quibus dies datur ad restituendam rem, dum etc. »

(2) Pernice, *loc. cit.* « Les mots *vel corpus* etc... peuvent être un glossème comme le veut Lenel ou provenir des compilateurs qui auraient voulu préparer la suite. »

(3) Pernice, *ibid.* « La phrase avec *item* est des compilateurs. L'accusatif *eum* force à restituer *urguendum est.....* : c'est la construction suspecte du gérondif. »

§ 2. *Sed et si fundum vindicem meum esse tuque confessus sis, perinde habeberis atque si dominii mei fundum esse pronuntiatum esset.*

Et si alia [quacumque] actione [civili vel honoraria] (arbitraria) vel interdicto exhibitorio vel restitutorio [vel prohibitorio (1) *dum quis convenitur] confiteatur, dici potest [in his omnibus] subsequi prætorem voluntatem orationis divi Marci debere et [omne omnino] quod quid confessus est pro judicato haberi.*

Dabitur igitur ex his actionibus ex quibus dies datur ad restituendam rem, confesso tempus ad restitutionem et, si non restituatur, lis æstimabitur.

Le principium et le paragraphe 1 de ce texte nous donnent très clairement les solutions que nous avons reconnu être celles de l'époque classique, et nous fournissent comme un résumé de notre étude de la *confessio in jure* dans la procédure formulaire :

1° La *confessio certæ pecuniæ* a la force exécutoire et en principe l'autorité de la *res judicata.*

2° Le *confessus incerti* n'est pas *pro judicato* ; et Ulpien entend par là, non seulement qu'il ne peut être exécuté immédiatement, mais aussi que le contenu de son aveu n'est pas rendu certain (2), puisqu'il présente comme une exception aux règles de la *confessio incerti* (*sed et si*), la *confessio* sur l'*actio in rem*, qui met le droit

(1) Cf. *suprà*, p. 154 ; Pernice et Lenel, *loc. cit.*

(2) *Contrà*, Bethmann-Hollweg, *Versuche*, p. 269. Cf. Demelius, *Conf.*, p. 195-196.

hors de discussion et est suivie d'une *litis æstimatio* (§ 2, alinéa 1).

Mais, si l'on passe à l'alinéa 2 du même paragraphe, on se trouve en présence d'une règle tout opposée et, pour mieux dire, d'un principe contraire.

En toute matière « *quacumque actione...* » porte le texte, le préteur doit se conformer à l'*oratio divi Marci* et assimiler la *res confessa* à la *res judicata* « *quod quid confessus est pro judicato haberi* ».

Faut-il donc admettre, comme l'ont fait beaucoup d'auteurs (1) sur la foi de ce texte, que dans la procédure formulaire et à partir de l'*oratio divi Marci*, la *confessio incerti* a mis le droit hors de discussion comme la *confessio certæ pecuniæ* ou le jugement, et a été en toute matière suivie d'une *litis æstimatio* ?

Sans parler de la difficulté qu'il y aurait à organiser une telle procédure et à appliquer de tels principes aux actions de bonne foi, dans le système formulaire (2), il nous semble impossible d'admettre qu'Ulpien ait pu se contredire d'une façon aussi absolue et aussi inexplicable (3) en infirmant au § 2 une solution qu'il donnait comme certaine au § 1 du même texte.

(1) Voir liste donnée par Demelius, p. 193, n. 3. Citons seulement Savigny, *Syst.*, VII, p. 15 ; Bethmann-Hollweg, *Versuche*, p. 268 et s. ; *Civilprozess*, II, p. 548.

(2) Cf. *suprà*, chap. II, § 2, I ; Demelius, p. 120-124, 197-199.

(3) On ne peut admettre en effet que le § 1 vise la force exécutoire de la *confessio in jure*, et le 2e alinéa du § 2, sa force juridique. Voir plus haut et la note. Il est aussi impossible de dire qu'Ul-

Une telle contradiction n'est pas, au contraire, pour nous surprendre, si le fr. 6 *de confessis* a été remanié par les compilateurs. La construction de la phrase « *si alia quacumque actione...* » est d'ailleurs trop mauvaise pour qu'on puisse l'imputer à Ulpien (1), et l'on ne doit pas hésiter à admettre que le 2e alinéa du § 2 a été l'objet d'une interpolation.

Il est plus difficile de dire quelle a été la portée exacte de cette interpolation et de reconstituer, sinon dans ses termes, tout au moins dans son sens primitif, le texte d'Ulpien. L'on peut cependant entrevoir une solution satisfaisante, si l'on remarque que l'alinéa 1er du § 2 est relatif à la revendication, c'est-à-dire à une *actio arbitraria*, et que l'alinéa 3 vise toutes les actions arbitraires. N'est-il pas tout naturel de conclure que dans l'alinéa 2 interpolé, Ulpien étendait aux actions arbitraires et aussi aux interdits exhibitoires et restitutoires (2), la solution équitable et pratique admise avant lui dans l'hypothèse de la *confessio rem actoris esse*? Il y avait en effet les mêmes raisons qu'en matière de revendication, pour décider que dans les autres actions arbitraires, la *confessio* équivaudrait à la *pronuntiatio*

pien au début expose, l'état de droit antérieur, et dans le § 2, l'état de droit de son temps ; Argument, *incertum non erit*.

(1) *Sic*, Pernice, *loc. cit.*, p. 164, n° 4.

(2) Cf. chap. II, § 2, III, p. 154. Si l'on admet avec Lenel que les mots *vel prohibitorio* proviennent des compilateurs, on a un argument de plus en faveur du système que nous proposons. Nous croyons en effet que les interdits exhibitoires et restitutoires donnaient seuls lieu à une *actio arbitraria*.

secundum actorem (1). Ulpien étendait donc à ces actions le principe « *confessus pro judicato* » et, en en tirant les conséquences pour toutes les actions *ex quibus dies datur ad restituendum* y compris la revendication, il décidait, dans son alinéa 3, qu'en cas d'absence de restitution dans un délai convenable, on procéderait à une *litis æstimatio*. Le texte ainsi reconstitué offre un développement harmonieux et logique, tandis que sous la forme actuelle, il formule un principe très général dont l'application, sans qu'on en puisse apercevoir le motif, n'est faite que pour une hypothèse très restreinte.

Il est donc à croire qu'Ulpien n'étendait les règles de la *confessio* en matière réelle qu'aux actions arbitraires (2). Pour cette extension, d'ailleurs très justifiée et très facilement explicable, il croit nécessaire de prendre un point d'appui légal, et il invoque avec réserve et, pour ainsi dire, avec hésitation, une *oratio divi Marci* dont il ne nous rapporte pas les termes : « *Dici potest subsequi prætorem voluntatem orationis divi Marci debere.* »

§ 2. — L'oratio divi Marci.

Demelius (3) a pensé que cette *oratio divi Marci* n'a-

(1) Cf. chap. II, § 2, II.

(2) *Sic*, Demelius, *Conf.*, p. 203 ; Pernice, *loc. cit.*, p. 164 ; Ubbelohde, *Interdicten*, II, pp. 22, 26 ; P. Krüger, KVJ., 1880, 22, p. 414 et s.

(3) *Conf.*, p. 202 : « Eine Oratio Divi Marci hat einen Passus enthalten, welcher den alten Zwœlftafelsatz : Aeris confessi u. s. w. aussprach, und zwar, wie wir annehmen dürfen, in der ganz allgemeinen Fassung *confessus pro judicato habetur* », p. 203 « ..... liegt es

vait pas eu pour objet de modifier les règles de la *confessio in jure* et qu'elle n'en avait traité qu'incidemment. Marc-Aurèle aurait rappelé dans cette *oratio* le vieux principe des XII Tables : « *Aeris confessi...* » en donnant à la règle « *confessus pro judicato est* » le sens qu'on lui reconnaissait habituellement de son temps. Il cite à l'appui de son opinion un texte de Caracalla de l'année 211.

C. 7,59, 1 (*de confessis*) *Imp. Antoninus A. Juliano* : « *Confessos in jure pro judicatis haberi placet ; quare sine causa desideras recedi a confessione tua, cum et solvere cogeris.* »

Ce texte, dit Demelius, semble reproduire les termes de l'*oratio*, et cependant, il vise l'hypothèse de la *confessio certæ pecuniæ* et donne une solution déjà consacrée par la loi Rubria. C'est donc que l'*oratio divi Marci* n'a pas innové. Mais en réponse à ce raisonnement, M. Pernice (1) fait observer avec raison que si l'*oratio* avait reproduit la loi des XII Tables, le texte du Code où il est dit *confessos... placet* ne pourrait s'y rapporter. Il faudrait d'ailleurs démontrer que ce texte prévoit l'hypothèse de la *confessio certæ pecuniæ* et l'argument que Demelius tire du mot *solvere* est insuffisant (2).

fern, an eine das bisherige Recht reformierende Maasregel zu denken. »

(1) *Loc. cit.*, p. 164, n. 4. Le mot « Placet » serait une expression impropre pour désigner une disposition des décemvirs.

(2) Cf. D. 50, 16,176 ; Ulpianus, l. 45, *ad Sabinum*, « *solvere dicimus eum qui fecit quod facere promisit* ».

Notre auteur invoque en second lieu (1) un rescrit de Dioclétien et de Maximin de l'année 293 pour prouver que jusqu'à la fin de la procédure formulaire, le *certi confessus* seul a été *pro judicato*.

Code J. 6,31, 4 (*de repud. vel abst. hereditate*).

Sicut major 25 annis, antequam adeat, delatam repudians successionem post quærere non potest, ita quæsitam renuntiando nihil agit, sed jus quod habuit retinet nec, quod confessos pro judicatis haberi placuit, ad vocem repudiantis hereditatem sed ad certam quantitatem deberi confitentem pertinet.

Demelius croit, en effet, que la procédure formulaire a été abolie en 294 par Dioclétien (2). Mais il a été établi (3) dans ces dernières années que la procédure *extra ordinem* fonctionnait déjà à cette époque et il est possible que la constitution de 293 invoquée par Demelius se référât à cette procédure. La solution donnée par ce texte s'accorde d'ailleurs très bien avec le droit du temps de Justinien et les mots *ad certam quantitatem confitentem* ont, à notre avis, le même sens que les mots *certum confessus* dans la langue des compilateurs (Loi 6 *de confessis*). Ils ne sont pas identiques à l'expression *certæ pecuniæ confessus* (4).

(1) *Conf.*, p. 196.

(2) *Ibid.*, p. 199, n. 1 « in c. 2 *de pecun. jud.* » (C. J. 3, 3).

(3) Cf. Pernice, *Festgabe für Beseler* ; *Amœnitates juris* (ZSS., 7, 1886, p. 103-112).

(4) Cf. *infrà*. M. Pernice admet cependant que dans le droit de Justinien *certa quantitas* est l'équivalent de *certa pecunia*. Voir en

Ces textes écartés, le système de Demelius se réduit à une simple hypothèse qui n'explique pas d'une façon bien satisfaisante la réforme d'Ulpien. Si en effet l'*oratio divi Marci* n'avait fait que rappeler les principes admis, elle n'aurait fourni au jurisconsulte qu'un point d'appui bien faible pour l'extension qu'il voulait opérer. A s'en tenir au fr. 6 *de confessis*, il est à croire au contraire, que l'*oratio divi Marci* a introduit, dans une hypothèse différente de celles prévues par Ulpien, un principe nouveau analogue à celui qu'il voulait faire prévaloir dans les *actiones arbitrariæ*. Car, si le principe « *quod qui confessus est pro judicato haberi* » n'avait pas été reconnu par l'*oratio*, on ne comprendrait pas pourquoi Ulpien, voulant en faire une application, aurait invoqué l'autorité de Marc-Aurèle (1), et si, d'autre part, l'*oratio* ne se plaçait pas sur un terrain différent de celui du jurisconsulte, on ne pourrait s'expliquer l'hésitation de celui-ci.

Un autre texte d'Ulpien vient corroborer sur ce point les indications de la l. 6 *de confessis*. Ulpien, l. 27 *ad ed.*, D. 42,1, 56 (*de re judicata*) (2).

sens contraire : *Inst. Just.*, IV,6,32 *de actionibus* : « *Curare debet judex ut certæ pecuniæ vel rei sententiam ferat, etiamsi de incerta quantitate apud eum actum est.* »

(1) Cf. Pernice, *loc. cit.*, p. 164.

(2) Cf. Lenel, *Palingenesia*, n° 794. Le livre 27 d'Ulpien est un commentaire du titre *de rebus creditis*. Lenel insère sous ce texte les mots suivants : *secus post pecuniam constitutam* ; *id E. P.*, p. 196, n. 3. Ce texte ainsi que le fr. 5 *de confessis* « établissent une différence entre la *confessio* et le *constitutum* ».

Post rem judicatam vel jurejurando decisam vel confessionem in jure factam nihil quæritur post orationem divi Marci quia in jure confessi pro judicatis habentur (ou bien ainsi que le propose Mommsen : *nihil quæritur quia post orationem divi Marci in jure confessi pro judicatis habentur*).

Les mots *nihil quæritur* signifient qu'il n'y a plus rien à examiner ; la cause est entendue et il ne peut plus s'agir que d'une procédure de liquidation, d'une *litis æstimatio* (1). Le texte semble indiquer que dans l'hypothèse de la *confessio* il n'en est ainsi que depuis l'*oratio divi Marci* (2). Il est donc à croire que cette *oratio*

(1) *Sic*, Pernice, *loc. cit.*, p. 164-165.

(2) Nous ne présentons cet argument qu'avec réserve, parce qu'à notre avis la loi 56 peut être suspectée d'interpolation. Dans la forme, elle est peu claire et sa rédaction est assez maladroite. Elle statue sur trois hypothèses et le motif de la solution commune qu'elle donne ne s'applique qu'à l'une de ces hypothèses. D'autre part, son sens n'est pas très satisfaisant. Elle est empruntée au L. 27 d'Ulpien dans lequel celui-ci commente l'édit *de rebus creditis* et il est dès lors bien difficile de l'appliquer à la procédure extraordinaire à laquelle se réfère l'*oratio divi Marci* et dans laquelle seule l a règle *confessus pro judicato* a eu une portée absolue. Et cependant, le texte est difficilement explicable dans la procédure formulaire. Si en effet l'on suppose, comme le permet l'origine du texte, qu'Ulpien visait dans la loi 56 l'*actio certæ creditæ pecuniæ*, il était inutile de citer l'*oratio divi Marci* puisqu'avant elle, le *confessus* sur cette action était *pro judicato*. Et, d'autre part, il est impossible d'admettre que le texte se réfère à toutes les actions indistinctement, puisqu'à l'époque classique le serment nécessaire ne fonctionnait que dans uu nombre d'actions très restreint et que seul le *certi confessus* était *pro judicato*. Il est donc permis de supposer que les compilateurs ont remanié la loi 56 comme la loi 6 *de confessis*. L'argument que nous fournit la loi 56 devrait donc être réduit à l'idée que dans l'esprit des

a décidé que, d'une façon générale, la *res confessa* serait soustraite à la discussion judiciaire comme la *res judicata*.

Nous avons dit que ce nouveau principe n'a pas pu s'appliquer d'une façon absolue dans la procédure formulaire et, de ce chef, l'on est amené à penser que l'*oratio divi Marci* se rapporte à la procédure extraordinaire où les mêmes difficultés ne se présentaient pas (1). Cette solution qui explique parfaitement l'extension faite par Ulpien et les termes réservés dans lesquels il s'appuie sur l'*oratio* pourrait être admise en l'absence de toute autre preuve.

Elle s'impose presque, selon nous, depuis le travail de M. Pernice (2) sur le livre d'Ulpien *de omnibus tribunalibus*, désigné dans l'index Florentinus sous la mention : « *protribonalion* βιβλία δέκα ».

M. Pernice a pensé que ce titre ne pouvait s'appliquer qu'à une œuvre traitant en principe de la procédure administrative parce que l'opposition entre le *pro tribunali* et le *de plano* ne se rencontre pas dans les textes relatifs à la procédure formulaire (3). Puis en étudiant successivement tous les fragments de cet ouvrage qui nous sont parvenus, il est arrivé à établir que tous

collaborateurs de Justinien, l'*oratio divi Marci* avait donné une portée absolue à la règle *confessus pro judicato*.

(1) Voir *infra*, p. 189.

(2) *Parerga*, V. *Das Tribunal u. Ulpians Bücher de omnibus tribunalibus*, ZSS., 14.1893, p. 135-182.

(3) *Loc. cit.*, p. 152 et s.

pouvaient être rapportés à des développements ayant pour base la procédure extraordinaire, et que quelques-uns ne pouvaient pas s'appliquer à l'*ordo*. Il note d'ailleurs que la procédure des *cognitiones* commence à prendre une place importante à côté de la procédure formulaire à partir de Marc-Aurèle (1) et il est ainsi tout naturellement conduit à supposer que l'*oratio divi Marci* mentionnée dans le fr. 6 *de confessis* se réfère à la procédure des *cognitiones*. Tous les fragments du livre *de omnibus tribunalibus* où il est question des vacances judiciaires (2) et de la *denuntiatio* feraient partie du même ensemble que le fr. 6 *de confessis*, et auraient été empruntés comme lui à une partie générale où Ulpien étudiait diverses questions pouvant naître *pro tribunali* dans toutes les hypothèses de *cognitiones* (3).

Déjà, avant l'*oratio divi Marci*, Antonin (4) dans un rescrit certainement relatif à la procédure extraordi-

(1) *Ibid.*, p. 159. « Wie das Ablehnungsverfahren und die vielleicht damit zusammenhængende Denuntiation zeigen, hat M. Aurel auch sonst versucht die cognitionen fester zu gestalten. »

(2) Cf. D. 2.12, 1 *de feriis* (Lenel, 2271).

(3) *Ibid.*, p. 179, jg. p. 164.

(4) Cf. D. 42, 1, 31 *de re judicata* (*Callist. L.* 2 *cognitionum*) : « *Debitoribus non tantum petentibus dies ad solvendum dandi sunt sed et prorogandi si res exigat : si qui tamen per contumaciam magis quam quia non possint explicare pecuniam, differant solutionem pignoribus captis compellendi sunt ad satisfactionem ex forma quam Cassio proconsuli divus Pius in hæc verba rescripsit : His qui fatebuntur debere aut ex re judicata necesse habebunt reddere, tempus ad solvendum detur... eorum qui intra diem.... non reddiderunt, pignora capi eaque si non... solverent vendantur : si quid ex pretiis supersit, etc.* »

naire avait décidé que les débiteurs *confessi* seraient soumis à l'exécution par voie de *pignoris capio* comme les *judicati* : et l'on peut croire qu'il ne visait que les *confessi certæ pecuniæ* (1).

Marc-Aurèle, allant plus loin, décida selon nous (2), que, même dans l'hypothèse où la dette n'avait pas pour objet une somme d'argent, le *confessus* serait *pro judicato*, en ce sens que le juge n'aurait plus à statuer sur la question d'obligation.

Cette disposition réagit sur la procédure formulaire (3), et Ulpien, s'en inspirant, fit admettre que dans les actions arbitraires, la *confessio* vaudrait *pronuntiatio* et serait suivie d'une simple procédure d'estimation. Mais l'extension ne fut pas poussée plus loin et le principe de l'*oratio divi Marci* n'eut jamais dans la procédure formulaire la portée très étendue qu'il avait dans la procédure extraordinaire ; ce n'est d'ailleurs pas là, la seule

(1) Argument tiré des mots *pecunia*, *solvere*, *pretiis* dans le texte cité.

(2) Un peu autrement Pernice, *loc. cit.*, p. 164 : « Marc-Aurèle transporta la règle des XII Tables dans la procédure *per cognitionem* et même dans la *confessio incerta*, ce qui réagit sur le système formulaire. » Nous admettons que l'*oratio divi Marci* n'a visé que les *confessi debitores* : Argument : Paul, *Sentences*, 5, 5a, 2, relatif selon M. Pernice à la procédure extraordinaire. V. plus haut, p. 77, n. 2.

(3) On ne pourrait selon nous rapporter, comme on en sera peut-être tenté, toute la loi 6 *de confessis*, à la procédure extraordinaire. La *confessio rem actoris esse* qu'Ulpien présente dans ce texte comme un cas de *confessio incerti*, constituait comme nous le verrons dans la procédure extraordinaire, une *confessio certa*, sur laquelle l'exécution pouvait intervenir immédiatement aussi bien que sur une *confessio certæ pecuniæ*.

différence entre les règles de la *confessio* à l'époque classique et dans la procédure nouvelle, et nous verrons que les fragments des jurisconsultes visant la *confessio* dans l'*ordo judiciorum* et conservés dans les compilations de Justinien, y ont pris un autre sens quand ils n'ont pas été interpolés.

CONCLUSION

LA CONFESSIO IN JURE DANS LA PROCÉDURE EXTRAORDINAIRE

CONCLUSION

LA CONFESSIO DANS LA PROCÉDURE EXTRAORDINAIRE.

La procédure extraordinaire (*cognito extra ordinem*) n'est pas autre chose que la procédure administrative transportée dans le domaine de la juridiction civile (1).

Dans cette nouvelle procédure, le fonctionnaire public, affranchi de toutes les règles de l'*ordo judiciorum privatorum*, est libre d'user de tous ses pouvoirs pour arriver à fixer et à réaliser le droit entre les particuliers. La puissance administrative s'est complètement substituée à l'initiative des parties, que le magistrat se contentait de sanctionner et de réglementer dans la procédure formulaire (2).

Ce n'est plus le demandeur qui doit procurer la comparution de son adversaire. Dès les débuts de la procédure extraordinaire, l'autorité intervient dans la citation (*litis denuntiatio*) et sous Justinien, c'est le magistrat

(1) Pernice, *Festgabe f. Beseler*, p. 51. « Die sog. *extraordinaria cognitio* ist nichts anders als das Verwaltungsstreitverfahren vor dem Beamten, übertragen auf dem Civilprozess und demgemæss abgeændert. »

(2) Pernice, ZSS., 1884, 5, p. 30. « Doch herscht die geregelte Selbsthilfe, oder besser die vom Prætor geleitete und gefœrderte Selbstætigkeit der Parteien ; hier die verwaltende Amtsmacht. »

lui-même qui cite le défendeur à comparaître sur la requête du demandeur (*libellus conventionis*) (1). Le concours des deux parties n'est d'ailleurs plus nécessaire à l'organisation de l'instance, et le défendeur qui, résistant à l'autorité ne comparaît pas, peut être condamné par défaut.

Quant au demandeur, son action a été débarrassée de tout formalisme. Il ne doit plus réunir, comme à l'époque précédente, toutes ses prétentions dans une formule dont il fait l'*editio* au début de l'instance. Il se contente d'exposer les faits et d'indiquer ses moyens de droit, et c'est à la fin de cette *narratio* que peut se produire la *litis contestatio* (2). Celle-ci n'a d'ailleurs plus pour effet de faire passer l'instance, du magistrat à un juge qui n'est pas un fonctionnaire public. La distinction du *jus* et du *judicium* a disparu et le magistrat peut juger lui-même les contestations entre particuliers. Sa sentence peut, à la différence du jugement de la procédure formulaire, porter sur autre chose que de l'argent ; le fonctionnaire, statuant *extra ordinem*, peut condamner à la chose même, quand on réclame devant lui par une action quelconque, la propriété, la possession, l'exhibition d'une chose corporelle (3).

(1) Sur tous ces points et les suivants, cf. Girard, *Manuel*, p. 1034-1046, auquel nous empruntons de nombreuses expressions.

(2) C., 3, 9, *de lit. cont.*, 1 : *Lis tunc videtur contestata cum judex per narrationem negotii causam audire cæperit*. C., 3,1, *de Jud.*, 14, 4 : *Cum lis fuerit contestata, post narrationem propositam et contradictionem objectam.*

(3) *Sic*, Girard, *Manuel*, p. 1045 et n. 2.

Enfin, cette sentence n'est plus exécutée sur l'initiative du demandeur par la voie de l'*actio judicati* conduisant à la *duci jussio* ou à la saisie en bloc et à la vente totale du patrimoine du *judicatus* (*missio in possessionem*). Le magistrat fait exécuter sa décision par la force, « *manu militari* » quand l'exécution directe est possible, sinon, par ses procédés de contrainte administratifs, *multis et pignoribus*.

Ainsi donc, toutes les institutions de procédure qui avaient eu leur influence, à l'époque précédente, sur les règles de la *confessio in jure*, ont pris un aspect nouveau : et il est à croire que de telles modifications dans l'organisation de l'instance, dans la conception du jugement et de l'exécution, ont eu leur contre-coup sur les conditions et les effets de l'aveu.

Mais, ici comme dans beaucoup d'autres matières, les collaborateurs de Justinien ont combiné dans leurs compilations des fragments d'origines diverses, et réuni des hypothèses qui auraient dû être distinguées, si bien qu'il est assez difficile de dégager un système juridique satisfaisant, des solutions d'espèces qu'ils nous présentent.

Au Code, nous trouvons au titre *de confessis* un seul texte, qui est une constitution d'Antonin que nous avons déjà rapportée (1). Elle nous montre que la *confessio in jure* ne peut être révoquée et qu'elle conduit à l'exécution, mais sans préciser comment.

(1) C. 7, 59, 1. Cf. *suprà*, Ch. compl., p. 174.

Au Digeste (1) les compilateurs n'ont placé dans le titre *de confessis* (42, 2) qu'un petit fragment (Loi 1) du Commentaire de Paul *ad edictum* où dans son livre 56 il étudiait l'aveu d'une façon détaillée (2). Ils ont procédé de même vis-à-vis du Commentaire d'Ulpien (Livre 58) (3). Ils lui ont seulement emprunté la loi 2. Ces deux fragments posent le principe que le *confessus* est *pro judicato*, sauf l'hypothèse de l'erreur de fait.

Ensuite, l'on trouve au Digeste quelques courts fragments, empruntés à différents ouvrages et relatifs notamment à la matière des legs et à l'action de la Loi Aquilia (LL. 3, 4, 5, dont on peut rapprocher la Loi 8) (4). Dans tous ces textes, qui n'ont été transportés dans notre titre qu'à cause de leur solution, les compilateurs s'occupent de la question de savoir ce « qu'il adviendra si le défendeur avoue devoir une chose qui n'existe pas » (5).

Enfin, nous avons le long fragment du livre d'Ulpien, *de omnibus tribunalibus* (L. 6) dont nous avons démontré l'interpolation, et un texte d'Africain (L. 7), relatif à la *confessio se fideicommissum debere* qui, à notre avis, n'est pas plus que la *confessio se legatum debere* ou la *confessio se servum occidisse* prévues par les LL. 3, 4, 5 et 8, une *confessio in jure* proprement dite.

(1) Cf. Pernice, ZSS., 1893, 14, p. 163.

(2) Lenel, *Palingenesia*, n° 691.

(3) *Ibid.*, n° 1375.

(4) Cf. Lenel, *Palingenesia* ; *Paulus*, n° 1674 ; il place ce texte sous la rubrique *de legatis*.

(5) Pernice, *loc. cit.*, p. 163.

Mais convient-il de distinguer pour l'époque de Justinien des hypothèses qui ne pouvaient être confondues à l'époque classique et qui sont rapprochées dans ses compilations?

Il faut tout d'abord faire remarquer que la *confessio in jure* n'a pas disparu dans la procédure extraordinaire en se confondant, comme on l'a soutenu (1), avec la *confessio in judicio*. Le *jus* et le *judicium*, il est vrai, ont été réunis en une instance unique; mais il ne s'ensuit pas qu'il n'y ait plus dans la procédure extraordinaire qu'une seule espèce d'aveu. La distinction entre la *confessio in jure* et la *confessio in judicio* tenait encore plus à la nature des choses qu'à l'organisation de l'instance et elle ne devait pas forcément disparaître quand celle-ci a été modifiée. Quand le *jus* et le *judicium* eurent été confondus, il n'y eut plus de raison pour que la *confessio in jus* ne pût intervenir après, aussi bien qu'avant la *litis contestatio* (2); mais l'on dut encore distinguer la reconnaissance de droit, la soumission absolue à la prétention du demandeur, et l'aveu de certains faits apportés par celui-ci à l'appui de sa demande (3).

La *confessio in jure* n'a donc pas disparu : mais il est plus difficile de dire si ses effets sont encore différents de ceux de l'aveu du fait.

(1) Comp. Demelius, p. 21, 25, 206.
(2) *Sic*: Demelius, *Conf.*, p. 207; Bethmann-Hollweg, *Civilprozess*, III, p. 258, n° 29, 254-255.
(3) *Sic* : Demelius, p. 206.

Un point certain tout d'abord, c'est que la disparition du principe des condamnations pécuniaires a eu pour résultat de donner un sens nouveau à la distinction de la *confessio certi* et de la *confessio incerti*. Maintenant que le jugement peut porter sur la chose elle-même, et peut être exécuté directement le cas échéant, il n'y a plus de raison pour que le *confessus certæ rei* ne soit pas *pro judicato* aussi bien que le *confessus certæ pecuniæ* (1). C'est seulement quand la *confessio* interviendra *sine certa quantitate* qu'elle ne pourra pas être assimilée au jugement (2).

Cette *confessio incerti* ne sera pas d'ailleurs dénuée de toute efficacité propre, comme l'était à l'époque classique la *confessio* qui ne portait pas sur une *certa pecunia*.

Dans la procédure de Justinien, ainsi que le démontre l'interpolation du fr. d'Ulpien (Loi 6 *de confessis*) : « *quod quis confessus est pro judicato habetur* » ; et les compilateurs entendent par là que la *res confessa* est soustraite à la libre appréciation du juge et soumise seulement, à une *litis æstimatio* quand la dette n'est pas liquide.

(1) Cf. Bethmann-Hollweg, *ibid.*, p. 255, n. 14.

(2) Cf. Code Just., 7, 46, 3 : « *Hæc sententia omnem debiti quantitatem cum usuris competentibus solve, judicati actionem parere non potest, cum apud judices ita demum sine certa quantitate facta condemnatio auctoritate rei judicatæ censeatur si parte aliqua actorum certa sit quantitas comprehensa.* » Cf. Inst. Just. 4, 6, 32 et *suprà*, chap. compl., p. 175, n. 4.

L'*incerti confessus* n'est donc plus traité comme l'*indefensus* et, en fait, dans les textes des compilateurs, les deux hypothèses de la *confessio* et de l'*indefensio* sont soigneusement distinguées.

Le principe admis à l'époque formulaire seulement dans les actions arbitraires, a donc pris dans la procédure nouvelle une portée très générale.

Il a pu valoir même dans les actions de bonne foi, où son application était impossible dans le système des formules.

Quand celles-ci eurent été abolies, le demandeur qui se prévalait d'un contrat de vente ou de société, par exemple, ne se présenta plus devant le magistrat en affirmant son droit et en en demandant d'une façon très générale la sanction : ses prétentions, au lieu d'être réunies dans une *intentio* vague (*quidquid ob eam dare facere oportet*), doivent être nettement précisées et distinguées. Il demandera, par exemple, la restitution d'une chose, le paiement de dommages-intérêts, ou celui du prix de vente...

Une *confessio* peut intervenir sur chacune de ces prétentions déterminées ou sur toutes réunies et rien ne s'oppose à ce que le juge procède, suivant les cas, à une liquidation totale ou partielle (1). Les deux questions d'existence du droit et de son appréciation en argent, autrefois entremêlées dans la formule (2), sont mainte-

(1) *Sic*, Demelius, *Conf.*, p. 199.
(2) Cf. *suprà*, chap. II, § 2, nos 122-123.

nant faciles à distinguer et c'est d'ailleurs le fonctionnaire devant lequel la *confessio* est intervenue qui procédera à la liquidation.

A notre avis, le *confessus* ne pourra pas dans cette instance en liquidation révoquer librement son aveu. L'idée des compilateurs semble bien être qu'en principe chose confessée est chose définitivement due (1).

Toutefois le juge pourra absoudre le *confessus* dans certains cas, par exemple quand la *confessio* est nulle dans le fond ou dans la forme, ou quand elle est erronée en fait (2).

Quant à la sentence du juge liquidateur, on peut admettre qu'elle échappe aux voies de recours ordinaires auxquelles sont soumis les jugements sur le fond (3).

La *confessio in jure* a donc pour effet de rendre le droit certain dans la procédure extraordinaire. Elle met obstacle à la discussion et au libre examen du juge d'une façon plus générale et plus absolue que dans la procédure formulaire. Elle est bien *finis controversiæ* et c'est à cet effet que les compilateurs semblent le plus ordinairement penser quand ils rapportent la règle *confessus pro judicato est* (4).

(1) D. 42, 2, 3 ; 4 ; 5 (*de confessis*).

(2) *Ibid.*, ff. 2 ; 8.

(3) Cf. Paul, V, 5 a, 7 (5) *Confessionem suam reus in duplum revocare non potest* ; *Ibid.*, V, 35, 2 ; *Moratorias appellationes et eas quæ ab exsecutoribus et confessis fiunt recipi non placuit* ; *Comp.* : Code, 7, 45, 5 (quor. appel. non recip.) ; « *Ab exsecutione appellari non posse satis et jure et constitutionibus cautum est...* ».

(4) Voir D. 42, 2, 3 ; 6 ; 42, 1, 56. C. 7, 59, 1 ; 6, 31, 4.

Les auteurs modernes admettent pour la plupart (1) que cette règle signifie aussi que la *confessio in jure*, tout au moins quand elle porte sur une *certa pecunia* ou sur une *certa res*, a force exécutoire directe, sans que le juge ait à statuer et à décerner acte de l'aveu dans un jugement.

A la vérité, pour l'époque où la procédure extraordinaire existait à côté de la procédure formulaire, les textes semblent bien indiquer que, dans les *cognitiones* comme dans l'*ordo*, l'exécution intervenait directement vis-à-vis du *confessus* (2).

Mais en fut-il de même quand la procédure administrative se fut complètement substituée à la procédure formulaire ?

Au titre *de confessis* au Digeste, trois textes, les lois 3, 5 et 7, supposent qu'un jugement sera rendu après l'aveu ; mais ils ne prouvent rien pour le cas de la *confessio certæ rei* ou *certæ pecuniæ* parce que dans les hypothèses qu'ils prévoient, une estimation était nécessaire. Les deux premiers de ces textes se réfèrent d'ailleurs à la *confessio* sur l'*actio ex testamento* ; et l'on sait qu'à l'époque classique cet aveu était soumis à des règles spéciales.

(1) Demelius, p. 213 ; Bethmann-Hollweg, *Civilprozess*, III, p. 254 et n. 13. *Contrà* : Savigny, *System*, VII, p. 16, trad. fr., p. 22 et 49. « L'aveu judiciaire ne supplée plus au jugement dans le droit de Justinien, mais il en devient la base et le juge doit y conformer sa sentence. »

(2) Cf. Rescrit d'Antonin le Pieux, D. 42, 1, 31 (Callistrate, l. 2, *cognitionum*). Jg. Paul, *Sentences*, 5, 5a, §§ 4 et 5. — 5, 26, §§ 1 et 2.

Quant au texte d'Africain relatif à la matière des fidéicommis (1), la solution qu'il donne serait très embarrassante s'il devait être appliqué, comme beaucoup d'auteurs l'ont cru, à la *confessio in jure*. Mais Demelius a fait remarquer avec beaucoup de raison, que l'héritier qui, aux termes du texte : « *confessus est se debere* » et qui cependant : « *omne solutum esse apud prætore dixerat* » ne peut pas être considéré comme un *confessus in jure*. Il a reconnu l'existence d'un fidéicommis valable, mais il ne s'est pas soumis sans restriction à la prétention du demandeur.

L'on comprend dès lors, qu'en se basant sur les seuls textes du titre *de confessis*, M. Demelius ait prétendu que sous Justinien, comme aux débuts mêmes de la procédure romaine, l'action du demandeur pouvait le conduire à l'exécution de son droit, directement et sans jugement, au cas de *confessio in jure*. Mais il a négligé deux textes du Code, que l'on ne peut écarter comme les textes précédents du Digeste et qui semblent bien montrer qu'une *sententia* suivait la *confessio certa* :

(1) D. 42, 2, 7, *de confessis. Africanus libro quinto quæstionum* : « *Cum fideicommissum peteretur, heres confessus est debere : arbiter ad restituendum datus comperit nihil deberi : quæsitum est, an possit absolvere, respondi posse interesse qua ex causa nihil debeatur nam si ob id quod nullum fideicommissum fuerit, non debere eum absolvere : si vero quia testator forte solvendo non erat aut, quod heres omne solutum esse apud prætorem dixerat et, cum controversia et computatio difficilior esset, arbiter datus fuerit, salvo officio eum absoluturum : has enim partes ejus esse, ut, si in computatione nihil inveniatur, possit absolvere, sed et ex superiore casu ad prætorem remittere debet ut absolvatur.* »

Code 7, 53, 9 (*de exsecutione rei judicatæ*). *Impp Diocletianus et Maximianus AA. et CC. Glyconi.*

Eos, quos debitores tuos esse contendis, apud rectorem conveni provinciæ, qui, sive confessi debitum sive negantes et convicti fuerint condemnati nec intra statutum spatium solutioni satisfecerint, cum latæ sententiæ pignoribus etiam captis ac distractis secundum ea quæ sæpe constituta sunt meruerunt exsecutionem, juris formam tibi custodiet. [a. 294].

Dans la proposition : «*sive confessi debitum sive negantes et convicti fuerint condemnati* », il semble bien que les mots *confessi* et *negantes* doivent être considérés comme es sujets du verbe *condemnati fuerint*, et les mots *latæ sententiæ*, que l'on trouve plus loin dans le texte, prouveraient au besoin que cette construction est exacte. Or le texte est très général, et rien n'autorise à n'appliquer qu'à la *confessio incerti* ce qu'il dit de toute *confessio debiti.*

Une constitution de Justinien donne la même solution et avec la même généralité :

Code 2, 58, 2, 7 (*de jurejur. propter calumniam dando*) *Imp. Iustinianus A. Iuliano, pp.*

Sin autem reus hoc sacramentum subire recusaverit. in his capitulis, quæ narratione comprehensa sunt, pro confesso habeatur et liceat judici sententiam proferre quemadmodum ei ipsa rei qualitas suggesserit.

Déjà, sur ce texte, les anciens auteurs s'étaient posé la question « *an confessus condemnandus sit* » et plusieurs d'entre eux, notamment Azo et Ioannes Bassianus (1), répondaient par l'affirmative, en faisant remarquer qu'une *sententia*, une *pronuntiatio* (2) intervenait également contre le *confessus* en matière criminelle.

Il semble que l'on puisse admettre cette opinion. L'action a perdu dans le Droit de Justinien les caractères primitifs qui expliquaient la force exécutoire directe de la *confessio in jure* (3). Le demandeur n'affirme plus son droit, il expose des faits et réclame l'assistance de l'autorité publique comme dans les procédures modernes. Comme dans ces procédures, le fonctionnaire public, qui a pris le rôle prédominant dans l'instance, a pour mission d'éclaircir les faits litigieux et de fixer le rapport de droit entre les parties (4). Le défaut de l'une d'elles ne l'empêche pas de remplir cette mission (5).

(1) Hænel, *Dissensiones*, p. 484 : « Tam in causa civili quam in criminali sequi debet condemnatio. Quod autem dicitur, nullæ sunt partes judicis in confitenti ; intellige, quantum ad omnem æstimationem sed non ad condemnationem ». Cf. *ibid.*, p. 320 : les glossateurs se sont aussi demandé si dans les conditions du texte, l'appel était possible ; Affirmative : Johannes Bassianus ; argt. D. 49,1,28, 1, *de appell. contrà*, Azo, C. 3, 13, 4.

(2) D. 48, 3, 5 (Venuleius Saturninus, l. 2 *de judiciis publiciis*) : « *Si confessus fuerit reus, donec de eo pronuntietur, in vincula publica coiciendus est.* » Cf. Hartmann-Ubbelohde, *Ordo Judiciorum*, p. 406 ; Mommsen, *Strafrecht*, p. 438.

(3) Cfr. *suprà*, Introduction, § 1, *in fine*.

(4) Pernice, ZSS., 14, 1893, p. 161 : « Hier untersucht die Behœrde, Thatbestand und Rechtsbegründung im Interesse und mit Hilfe der Parteien ; dass eine Partei ausbleibt, überhebt sie nicht ihrer obrigkeitlichen Pflicht, die Wahrheit festzustellen. »

(5) Cf. procédure de l'*eremodicium*, Pernice, *ibid.*, Wlassak dans Pauly-Wissowa, *Realencyclopædie*, v° *Absentia*. Girard, *Manuel*, p. 1004 et 1043.

L'on ne voit pas pourquoi la *confessio certi* le dispenserait de prononcer sur le droit. D'autre part, l'on comprend que tant que l'initiative pour l'exécution appartint au demandeur, celle-ci fut possible directement contre le *confessus* : mais la situation ne fut plus la même quand ce fut le juge qui procéda à l'exécution.

L'on peut donc dire avec Savigny, qu'à l'époque de Justinien un jugement est rendu contre le *confessus*, « mais que le contenu de ce jugement doit s'accorder avec le contenu de l'aveu » (1).

M. Pernice (2) a cependant prétendu que le juge n'est pas lié par la *confessio in jure* et qu'il peut absoudre le *confessus*, en faisant remarquer, à l'appui de son opinion, que, dans la procédure criminelle, le juge n'est pas tenu de croire à la culpabilité de celui qui avoue (3).

Il est vrai que les auteurs romains ont admis qu'en matière criminelle une confession fausse ne s'imposait pas au juge et il est possible qu'il y ait eu entre eux quelque incertitude à ce point de vue, même en matière civile (4). Mais M. Mommsen fait remarquer que les jurisconsultes romains ont considéré qu'en principe, l'aveu entraînait toujours condamnation et exécution au criminel, et nous croyons qu'il en était de même au civil.

(1) Savigny, *Système*, trad. fr., t. VII, p. 49.

(2) ZSS., 14, 1893, p. 163.

(3) M. Pernice renvoie à Geib, *Criminalprozess*, p. 612 et s. et au D. 48, 18, 1, 17 ; 27. (*de quæst.*)

(4) Cf. D. 42, 2, 8 dont M. Pernice *loc. cit.*, tire argument ainsi que de la présence au titre *de confessis* des ff. 3 et 5.

Tant que le jugement ne sera pas prononcé, la *confessio in jure* pourra, à notre avis, être révoquée pour cause d'erreur de fait et il est à croire que de ce chef le jugement pourra être argué de nullité (1).

Ainsi donc la *confessio in jure*, à l'époque de Justinien, est soumise à des règles qui ne diffèrent pas beaucoup de celles de l'aveu dans notre procédure moderne, puisque, sauf le cas de l'erreur de fait, elle constitue un motif de décision imposé au juge par la loi.

Aux débuts de la procédure romaine, la *confessio in jure* avait un domaine très large et avait force exécutoire directe à raison de la nature et des origines mêmes de la *legis actio*.

A l'époque classique, la *confessio* n'a plus ses effets propres que quand elle porte sur une *certa pecunia*.

Dans la procédure extraordinaire, son domaine s'est à nouveau élargi ; mais la notion primitive de l'action a disparu et la *confessio in jure* a maintenant pour seul effet de rendre le droit certain.

L'idée que la *confessio* conduit à l'exécution sans jugement réapparut dans la pratique postérieure (2) et elle a même contribué, d'après certains auteurs (3), à la

(1) Cf. ce que nous avons dit sur l'autorité de la *res confessa* à l'époque formulaire, chap. I, § 3, II. Tout ce que nous avons dit sur la *conditio indebiti* est encore applicable à l'époque de Justinien.

(2) Cf. Ficker, *Forschungen zur Reichs-und Rechtsgeschichte Italiens.* Ier Band. Innsbrück, 1868, p. 24-26, pour l'Italie lombarde, p. 53-55 pour la Romagne.

(3) Kohler, ZSS., 8, 1887, *Zur Geschichte der executorischen Urkunde in Frankreich.*

formation de la théorie des actes authentiques entraînant, dans notre droit français, exécution forcée comme les jugements. Il serait intéressant de suivre cette évolution et de retracer jusqu'à nos jours l'histoire de la *confessio in jure* (1), mais nous ne pourrions insister sans sortir des limites d'une étude consacrée à l'histoire du droit romain classique.

(1) Voir de nombreuses indications sur les théories allemandes dans le livre récent de Bülow, *Das Gestændnissrecht. Ein Beitrag zur allgemeinen Theorie der Rechtshandlungen*. Freiburg, 1899.

INDEX DES OUVRAGES CITÉS

Accarias. — Précis de Droit romain. 2 vol., 4e éd. Paris, 1886-1891.

Appleton (H.). — Des interpolations dans les Pandectes et des méthodes propres à les découvrir. Thèse Lyon, 1894.

Archiv für die civilistische Praxis. Heidelberg, Freiburg, 1818 et ss.

Baron. — Die Condictionen. Berlin, 1881.

Bechmann. — Studie im Gebiete der Legis actio sacramenti in rem. München, 1889.

Cf. Compte rendu, H. Krüger, ZSS., 18, 1889, p. 167.

Bekker. — Die Actionen des römischen Privatrechts. 2 vol. Berlin, 1871-1873.

— Ueberschau des geschichtlichen Entwicklungsganges der römischen Actionen dans ZSS., 15, 1894, p. 145.

Bethmann-Hollweg. — Der Civilprozess des gemeinen Rechts. 6 vol. Bonn, t. 1, 2 et 3. Der römische Civilprozess.

1. Legis Actiones, 1864.
2. Formulæ, 1865.
3. Cognitiones, 1866.

(Cité : = Civilprozess, I, II, III.)

— Versuche über einzelne Theile der Theorie des Civilprozesses. Berlin et Stettin, 1827 (no IV über das Geständniss, p. 250-319).

Brackenhœft. — Beiträge zur Lehre von Geständniss im Civilprozess dans *Archiv für civilistische Praxis*, t. XX, 1837.

Bruns. — Fontes Juris Romani Antiqui, ed. 6. Friburgi et Lipsiæ, 1893.

Buckler (W. H.). — The origin and history of contract in roman Law down to the end of the republican period. London, 1895.

Cuënot. — De la condamnation civile à l'époque des Actions de la Loi. Thèse Paris, 1892.

Cuq. — Les institutions juridiques des Romains.... L'Ancien Droit. Paris, 1891.

(Cité : = Institutions, 1.)

Degenkolb. — Einlassungszwang und Urteilsnorm. Leipzig, 1878.

Demelius. — Die Confessio im rœmischen Civilprozess und das gerichtliche Gestændniss der neesten Prozessgesetzgebung. Graz, 1880. Cf. C. R. par P. Krüger dans *Krit. viert. Jahrsch.*, 1880, t. 22, neue Folge, 3, p. 414-422.

— Schiedseid und Beweiseid. Leipzig, 1887.
Cf. C. R. de Gradenwitz, ZSS., 1887.

— Die Exhibitionspflicht in ihrer Bedeutung für das classische und heutige Recht. Graz, 1872.

— C. R. du livre de Schultze. Privatrecht und Prozess, dans *Zeitschrift* de Grünhut, t. 11, 1884, p. 728-748.

Dernburg. — Ueber die emtio bonorum. Heidelberg, 1850.

— Pandekten, 3 vol., 5e éd. Berlin, 1897.

Eisele. — Abhandlungen zum rœmischen Civilprozess. Freiburg, 1889.
Cf. C. R. de P. Krüger, KVJ. 13 (neue Folge), 1890, p. 321.

— Beitræge zum rœmischen Rechtsgeschichte. Freiburg, 1896.
Cf. C. R. de H. Krüger dans *Zeitschrift* de Grünhut, 1897, p. 407.

Erman. — Conceptio formularum, actio in factum und ipso jure consumption. Weimar, 1899, in-8° et dans ZSS., 19, 1898, p. 260-360.

Fleischmann. — Das pignus in causa judicati captum. Breslau, 1896.

Geouffre de Lapradelle. — L'évolution historique du serment décisoire en droit romain. Thèse Paris, 1894.

Girard (P. F.). — Manuel de droit romain, 2e éd., Paris, 1898.

— Textes du droit romain, 2e éd. Paris, 1895.

— Les actions noxales ; dans *Nouvelle Rev. hist.*, 1887, p. 409, 1888, p. 31.

— La date de la loi Æbutia ; dans ZSS., 1893, 14, p. 11.

— L'histoire de la *condictio* d'après M. Pernice ; dans *Nouv. Rev. hist.*, 1895, pp. 418-425.

Hænel. — Dissenssiones dominorum sive controversiæ veterum juris interpretum qui glossatores vocantur. Lipsiæ, 1834.

Hartmann. — Ueber das rœmische Contumacialverfahren. Gœttingen, 1851.

— Der Ordo judiciorum und die Judicia extraordinaria der Römer ergænzt v. A. Ubbelohde. Gœttingen, 1886.
(Cité : = Hartmann-Ubbelohde, ordo judiciorum).

Hermes. — *Zeitschrift für classische Philologie.* Berlin, 1896 et ss.

Huschke. — Die multa und das sacramentum. Leipzig, 1874.

Padeletti. — Storia del Diritto Romano. 2e éd. revue par Cogliolo. Firenze, 1886 (Cité : = Padeletti-Cogliolo).

Pauly. — Realencyclopädie der classischen Alterthumwissenschaft, nouvelle édition dirigée par M. Wissowa, 1892 et ss. (Cité : = Pauly-Wissowa, V°...).

Pernice. — Volksrechtliches und amtsrechtliches Verfahren in der rœmischen Kaiserzeit ; dans *Festgabe für Beseler*, 1885, p. 51-78.

— Marcus Antistius Labeo. Das rœmische Privatrecht im ersten Jahrhunderte der Kaiserzeit. Halle, I, 1873 ; II, 1878 ; II, 1, 2e éd., 1895 ; II, 2, 2e éd., 1900 ; III, 1, 1892.

— Parerga. II. Beziehungen des œffentlichen rœmischen Rechts, zum Privatrechte, dans ZSS., 5, 1884, p. 2.

III. Zur Vertragslehre der rœmischen Juristen ; ZSS., 9, 1888, p. 195.

V. Das Tribunal und Ulpians Bücher de omnibus tribunalibus, ZSS., 14, 1893, p. 135.

IX. Der privatrechtliche Standpunkt in der Lehre der rœmischen Juristen, ZSS., 19, 1898, p. 140.

— Amœnitates juris, ZSS., 6, 1886, p. 113.

Pflüger. — Die Legis Actio sacramento. Ein Versuch auf dem Wege der Rechtsvergleichung. Leipzig, 1888.

Prosopographia imperii Romani sæculi I, II, III.

Ia pars ed. Klebs, IIa pars, ed. Dessau.

IIIa pars ed. de Rohden et Dessau. Berlin, 1897-1898.

Puchta. — Ueber den Inhalt der Lex Rubria de Gallia Cisalpina dans *Zeitschrift für Gesch. Rechtswiss.*, X, p. 222.

Rudorff. — De jurisdictione edictum. Edicti perpetui quæ reliqua sunt. Lipsiæ, 1869.

— Rœmische Rechtsgeschichte. Leipzig, 1857-1859.

— Ueber die Litiscrescenz dans *Zeitschrift für Gesch. Rechtsw.*, XIV, p. 307.

Saleilles. — La controversia possessionis et la vis ex conventu dans *Nouvelle Rev. hist. de droit*, 1892, p. 245-313.

Savigny. — System des heutigen rœmischen Rechts. Berlin, 1840-1853.

— Traduction française de Guenoux, 8 vol. Paris, 1840.

— Vermischte Schriften. Berlin, 1850.

Schirmer. — Ueber die prætorischen Judicialstipulationen. Greifswald, 1853.

Schmidt (K. A.). — Das Interdictenverfahren der Rœmer in geschichtlicher Entwickelung. Leipzig, 1853.

Schmidt (**D**r **A.**). — Zur Lehre von der Wirkung der Rechtsgeschæfte (Festschrift). Leipzig, 1888.

Schrutka-Rechtenstamm. — Ueber den Schlussatz in cap. XXI, Legis Rubriæ de Gallia Cisalpina dans *Sitzungsberichte der Phil. Hist. Classe der K. Academie der Wissenschaften in Wien*, t. 106, p. 463 et 476 (février et mai, 1884).

Schultze. — Privatrecht und Process in ihrer Wechselbeziehung, t. I. Freiburg, 1883.

Schwalbach. — Ueber ungültige Urtheile und die consumirende Wirkung der Litiscontestatio, dans ZSS, 7, 1886, p. 113.

Sohm. — Institutionen, 6te Auflage. Leipzig, 1896.

Thomas. — Evolution de la théorie de la chose jugée à Rome. Thèse Toulouse, 1898.

Ubbelohde. — Serie der Bücher 43 und 44, dans les *Pandectes de Glück* (Interdicten), 1890 (Cité : = Ubbelohde, Interdicten).

Wetzell. — Der römische Vindicationsprozess. Leipzig, 1844.

Wlassak. — Römische Processgesetze : Ein Beitrag zur Geschichte des Formularverfahrens. T. 1, 1888. T. 2, 1891. Leipzig.

— Die Litis Contestatio in Formularprozess. Leipzig, 1889.

Voigt. — Die zwölf Tafeln. Geschichte und allgemeine Lehrbegriffe der XII Tafeln. 2 vol. Leipzig, 1883.

— Das Jus Naturale œquum et bonum und jus gentium der Römer, 4 vol. Leipzig, 1856-1875.

Zeitschrift fur geschichtliche Rechtswissenschaft, 15 vol. in-8°, Berlin, 1815-1850 (Cité : = ZGR).

Zeitschrift der Savigny-Stiftung fur Rechtsgeschichte. Romanistische Abtheilung, Weimar, 1880 et s. (Cité : = ZSS., 1880, 1, etc.).

Zeitschrift für Privat-und œffentliche Recht, publiée par Grünhut, Vienne, depuis 1878 (Cité : = *Zeitschrift* de Grünhut).

INDEX DES TEXTES COMMENTÉS ET CITÉS

I. — Textes littéraires.

II. — Textes juridiques.

TABLE DES MATIÈRES

CONCLUSION

Imp. J. Thevenot, Saint-Dizier (Hte-Marne).

www.ingramcontent.com/pod-product-compliance
Ingram Content Group UK Ltd.
Pitfield, Milton Keynes, MK11 3LW, UK
UKHW020120200726
13856UKWH00002B/647

9 782011 914989